智慧景区背景下的旅游客流量预测方法研究

陈 荣 ◎ 著

西南交通大学出版社
·成 都·

图书在版编目（CIP）数据

智慧景区背景下的旅游客流量预测方法研究 / 陈荣著. —成都：西南交通大学出版社，2018.8
ISBN 978-7-5643-6321-5

Ⅰ. ①智… Ⅱ. ①陈… Ⅲ. ①风景区 – 旅游客源 – 客流量 – 预测 – 研究 Ⅳ. ①F590.63

中国版本图书馆 CIP 数据核字（2018）第 180230 号

智慧景区背景下的旅游客流量预测方法研究	陈 荣 著	责任编辑 张宝华
		封面设计 严春艳

印张	7.25　字数　158千	出版发行	西南交通大学出版社
成品尺寸	170 mm × 230 mm	网址	http://www.xnjdcbs.com
		地址	四川省成都市二环路北一段111号
版次	2018年8月第1版		西南交通大学创新大厦21楼
印次	2018年8月第1次	邮政编码	610031
印刷	成都蓉军广告印务有限责任公司	发行部电话	028-87600564　028-87600533
书号	ISBN 978-7-5643-6321-5	定价	50.00元

图书如有印装质量问题　本社负责退换
版权所有　盗版必究　举报电话：028-87600562

前　言

随着科技的不断发展，以信息和物联网技术为支撑的智慧景区已经成为旅游景区乃至旅游业发展的新趋势。智慧景区建设是一项复杂的系统工程，其中旅游客流量预测是智慧景区信息管理平台预测系统建设的核心内容之一。如何实现不同时期客流量预测对旅游景区至关重要。然而在我国，由于受到自然气候、特有的休假制度、旅游突发事件等诸多外部因素影响，旅游短期客流量表现出非线性性、季节性、随机性等复杂特点，传统的预测方法往往难以实现准确预测，因此，建立科学合理的短期客流量预测方法模型，实现对旅游景区不同时期的短期客流量预测，对旅游景区尤其是热门景区乃至整个旅游行业意义重大。

支持向量回归（support vector regression，SVR）作为一种基于统计学习理论的新的机器回归分析方法，由于具有处理非线性、小样本等问题的能力，能较好地解决旅游短期客流量的非线性性、季节性和随机性等问题，为复杂的短期客流量预测提供了一种新的选择。

本研究以智慧景区为研究对象，以科学准确预测智慧景区短期客流量为目标，根据旅游短期客流量在不同时期表现出的特点，将其分成平常日客流量、节假日客流量、旅游突发事件时期客流量三种不同类型，分别研究这三种不同类型的短期客流量预测问题。

本研究的主要研究内容如下：

（1）对国内外旅游需求进行了系统综述，描述了目前国内外在旅游需求研究上取得的成果并指出在方法、尺度等方面存在的一些局限性，以此为基础，提出本研究的研究内容。

（2）对短期客流量的主要影响因素进行系统分析，进一步分析旅游短期客流量在不同时期的客流量特点，通过对旅游短期客流量不同时期客流量特点的分析，将短期客流量的研究分成平常日客流量、节假日客流量以及突发事件时期客流量。

（3）针对平常日客流量非线性性突出的特点，提出基于遗传算法（genetic algorithm，GA）的支持向量回归模型即GA-SVR预测方法，利用GA对SVR自由参数进行选择，并将该方法与BPNN方法进行对比。

基于黄山风景区的有代表性的平常日短期客流量等相关数据验证表明：GA-SVR 方法较 BPNN 方法的预测误差更小、准确性更高。

（4）针对每年节假日客流量呈现的明显的季节性特点，提出基于季节调整的自适应遗传算法（adaptive genetic algorithm，AGA）支持向量回归预测方法，即季节指数调整（seasonal exponential adjustment，SEA）的 AGA-SVR 预测方法（SEA-AGA-SVR）和季节因子调整（seasonal index adjustment，SI）的 AGA-SVR 预测方法（AGA-SSVR）。其中，SEA-AGA-SVR 主要对短期客流量的季节性进行事前调整后再进行预测；而 AGA-SSVR 重在事后对预测值进行季节因子调整。来自黄山风景区 2008—2012 年节假日的客流量数据的实验结果表明，两种季节调整方法均能有效去除季节性成分，预测效果均优于 AGA-SVR 方法，但是由于 SEA-AGA-SVR 直接对原始时间序列数据进行季节性处理，预测效果优于事后调整的 AGA-SSVR 模型，同时预测时间也大大缩短。

（5）针对旅游突发事件的突发性、无法预见性而导致的客流量高度不确定性、随机性特点，提出基于混沌粒子群（chaos particle swarm optimization，CPSO）的 SVR 和自回归移动求和平均（autoregressive integrated moving average，ARIMA）相结合的混合方法，即 CPSO-SVR-ARIMA 模型。先通过 CPSO 对 SVR 进行寻优，再用 SVR 对突发事件时期客流量进行预测，然后使用 ARIMA 方法对 SVR 残差序列进行预测，最后将两者预测值相加，即为所求预测值。来自黄山风景区汶川地震时期客流量数据的实验结果表明，CPSO-SVR-ARIMA 混合方法能够很好地抓住突发事件客流量的波动及变化轨迹，预测精度明显高于单一的 CPSO-SVR 和 PSO-SVR 预测方法。

本研究得到了安徽高校自然科学研究重点项目"智慧景区背景下的旅游客流量预测方法研究"(KJ2015A143)和安徽省教育厅 2016 年高校优秀拔尖人才培育资助项目"高校优秀青年骨干人才国内外访学研修重点项目"(gxfxZD2016283)的资助。

本书对从事旅游客流量研究的教学、科研、管理等方面的工作者具有重要的参考价值。限于作者水平，书中不妥之处在所难免，敬请广大读者批评指正。

陈 荣

2018 年 4 月 8 日

目 录

第 1 章 绪 论 ·· 1
  1.1 研究背景和意义 ·· 1
  1.2 国内外旅游需求研究方法分析 ··· 4
    1.2.1 经典时间序列预测方法 ·· 4
    1.2.2 计量经济学预测方法 ··· 6
    1.2.3 人工神经网络预测方法 ·· 8
    1.2.4 支持向量回归预测方法 ·· 10
  1.3 国内外旅游需求研究内容分析 ······································· 11
    1.3.1 目的地—客源地旅游需求预测 ································ 11
    1.3.2 中长期旅游需求预测 ·· 12
    1.3.3 预测方法的选择 ·· 12
  1.4 本研究主要研究内容 ·· 13
  1.5 本研究结构安排 ·· 15

第 2 章 旅游短期客流量影响因素、特点及分类分析 ············ 16
  2.1 影响因素重要性分析 ·· 16
  2.2 旅游短期客流量主要影响因素分析 ································· 16
    2.2.1 国外学者对旅游需求影响因素的分析 ······················ 17
    2.2.2 国内学者对旅游需求影响因素的分析 ······················ 18
    2.2.3 旅游短期客流量主要影响因素分析 ························· 18
  2.3 旅游短期客流量特点分析 ··· 23
  2.4 旅游短期客流量分类分析 ··· 26
  2.5 小 结 ·· 27

第 3 章 平常日客流量预测方法研究 ····································· 28
  3.1 问题分析 ·· 28

3.2 支持向量机理论 ··· 29
   3.2.1 统计学习理论 ··· 29
   3.2.2 支持向量回归原理 ·· 34
3.3 自由参数最优化方法选择 ·· 40
   3.3.1 自由参数影响程度分析 ·· 40
   3.3.2 自由参数最优化准则和方法选择 ·································· 40
   3.3.3 遗传算法的基本原理 ··· 41
3.4 平常日客流量预测方法研究 ··· 42
   3.4.1 基于 GA 的 SVR 参数选择 ··· 42
   3.4.2 GA-SVR 方法算法过程 ··· 44
3.5 实验过程和结果讨论 ·· 46
   3.5.1 数据来源 ··· 46
   3.5.2 GA-SVR 预测方法实验过程 ·· 49
   3.5.3 BPNN 预测方法比较 ··· 49
   3.5.4 评价指标分析 ··· 52
   3.5.5 实验结果分析 ··· 52
3.6 小   结 ··· 55

第 4 章 节假日客流量预测方法研究 ·· 57
4.1 问题分析 ··· 57
4.2 旅游季节性分析 ·· 57
   4.2.1 季节性和旅游季节性的内涵 ······································· 57
   4.2.2 旅游季节性形成原因 ··· 58
4.3 旅游季节性处理方法 ·· 60
   4.3.1 旅游季节性测量方法 ··· 60
   4.3.2 季节调整方法 ·· 61
4.4 节假日客流量预测方法研究 ··· 63
   4.4.1 基于 AGA 的 SVR 参数选择 ······································ 63
   4.4.2 季节 AGA-SVR 方法算法过程 ···································· 64
4.5 实验过程和结果分析 ·· 68
   4.5.1 数据来源 ··· 68

  4.5.2 季节 AGA-SVR 预测方法实验过程 ·············· 70
  4.5.3 评价指标分析 ·············· 74
  4.5.4 实验结果分析 ·············· 75
 4.6 小 结 ·············· 78

第 5 章 旅游突发事件客流量预测方法研究 ·············· 79
 5.1 问题分析 ·············· 79
 5.2 旅游突发事件客流量预测现状 ·············· 79
  5.2.1 突发事件和旅游突发事件的内涵 ·············· 79
  5.2.2 旅游突发事件客流量预测现状 ·············· 80
 5.3 混合预测方法研究现状 ·············· 80
 5.4 基于 SVR-ARIMA 的旅游突发事件客流量混合预测方法 ··· 81
  5.4.1 基于 CPSO 的 SVR 参数选择 ·············· 82
  5.4.2 ARIMA 模型原理 ·············· 86
  5.4.3 CPSO-SVR-ARIMA 混合方法算法过程 ·············· 87
 5.5 实验过程和结果分析 ·············· 88
  5.5.1 数据来源 ·············· 88
  5.5.2 CPSO-SVR-ARIMA 混合方法实验过程 ·············· 89
  5.5.3 实验方法及结果 ·············· 90
  5.5.4 评价指标分析 ·············· 93
  5.5.5 实验结果分析 ·············· 93
  5.5.6 预测方法的局限性 ·············· 95
 5.6 小 结 ·············· 95

第 6 章 总结和展望 ·············· 96
 6.1 总结 ·············· 96
 6.2 展望 ·············· 98

参考文献 ·············· 99

第1章 绪 论

1.1 研究背景和意义

根据世界旅行&旅游业委员会（WTTC）统计，至 2021 年，中国的旅游经济将处于世界第三位，旅游需求的增长将位于世界第二位。旅游需求的增长直接带动了旅游客流量的急剧增加和旅游经济的快速发展，旅游成为我国国民经济的重要来源之一。

同时，随着科技的不断发展，以信息和物联网为技术支撑的"智慧景区"成为未来旅游业发展的新趋势。"智慧景区"的建成对旅游行业来说，有利于其建立完善的旅游安全警报体系，有效地配置旅游资源，降低未来决策的风险。"智慧景区"建设是一项复杂的系统工程，其中旅游短期客流量预测是"智慧景区"信息管理平台建设的核心内容之一。如何实现不同时期客流量预测，并通过智慧景区预测系统及应用平台及时获取预测结果对旅游景区至关重要。但是，在我国由于四季自然、气候等条件各异，这些因素对不同地理区域的景区影响程度各不相同。对受自然、气候等因素影响较大的旅游景区，如黄山、九寨沟、华山等风景区，旅游客流量的增加并不是呈现均匀分布态势，加之节假日、旅游突发事件等多种因素影响，使得客流量在不同时期的不均衡状态更加显著。一方面，在以节假日为主体的旅游旺季，游客消费集中释放，大量游客在同一时间快速集中于同一地点。据 2011 年 2 月全国假日旅游部际协调会议办公室发布的《2011 年春节、十一黄金周旅游统计报告》显示，2011 年春节期间旅游景区共计接待游客 1.53 亿人次，比 2010 年春节黄金周增长 22.7%；国庆节期间接待游客 3.02 亿人次，同比增长 18.8%，居民节假日旅游不仅比往年更加拥挤，而且也更为集中。客流量在短时间内急剧增长，超过景区最大承载量，造成游客超载、旅游资源被过度消费以及由此带来的游客被困、乘车站点拥堵及车辆调度不畅等问题，不仅对旅游景区生态环境造成破坏，而且极容易诱发安全事故，降低游客游览质量。近几年，由于旅游景区客流量超载等问题造成的安全事故频发，如华山、九寨沟、张家界及黄山等景区拥堵事件，直接导致了游客与旅游景区的正面冲突，给旅游景区及旅游行业造成了极大的负面影响，也给游客的生命安全造成严重的威胁。另一方面，在以平常日（除节假日外）为基础的旅游淡季，旅游景区、酒店宾馆及相关旅行社接待游客数量相对不足，旅游设施及资源闲置现象存在，造成不必要的人、财、物的浪费。除此之外，旅游景区还面临着另外一种不确定的状况：各种旅游突发事件的冲击。由于旅游突发事件具有产生的瞬间性、爆发点的偶然性和对社会的危害性等特征，会给旅游客流量在短期内产生极大的波动，呈现高度的不确定性和随机性。客流量在不同情况下表现的不均衡状况给旅游景区内部资源管理、调度和科学决策带来很大的挑战。

传统的旅游客流量预测大都建立在感性的管理经验及景区宏观预测基础上。一直以来，由于缺乏清晰的预测方法，导致旅游客流量预测值和真实值之间存在较大偏差，更无法建立客流量与其影响因素如历史客流量、自然气候、节假日及旅游突发事件等因素之间的关系的方法模型。这些预测方法满足不了智慧景区对客流量预测的要求，因此也不能为旅游决策者带来更多的参考和建议。

因此，如何在智慧景区背景下研究旅游客流量影响因素、特点及分类，并利用更有效的方法实现不同时期客流量的准确预测，已成为智慧景区预测系统及应用平台能够建立并实施成功的前提之一，也是旅游企业未来成功发展的一个重要基础，更是旅游需求预测研究中的一个关键科学问题。

然而，与解决上述问题的迫切需求相比，相关的关于旅游客流量预测理论研究在国内尚处于起步阶段。虽然近年来有关旅游需求预测的研究逐渐增加，但是具体到对不同时期旅游客流量预测的研究尚未发现。本研究以智慧景区为研究背景，以旅游客流量不同影响因素研究为切入口，以不同时期客流量准确预测为主要目标，并通过数据研究、实证分析、智能算法、神经网络和统计学习理论等对智慧景区背景下影响客流量的主要因素进行系统分析，探讨不同时期客流量的特点及分类，探析不同时期客流量的预测方法，并以此为基础，建立智慧景区旅游短期客流量预测方法系统以便为智慧景区建设提供理论支持和实践指导，从而实现中长期预测难以达到的效果。其意义重大，主要体现在以下几个方面：

第一，对智慧景区来说，可以使景区管理部门能够实时根据系统监控情况对景区开放时间、游览方式及游览路径等提前做出规划，为旅游景区在不同时期科学调度、资源统一管理、分流游客等提供直接信息，为旅游管理者在面临各种复杂的环境下进行科学决策提供主要依据；

第二，对游客来说，旅游景区能够实现发布未来客流量情况，可为游客提供出行参考，避免拥堵，从而提高其旅游的质量和满意度；

第三，对酒店、宾馆及交通运输等与旅游相关的行业具有重要的参考价值。

因此，旅游短期客流量预测对旅游行业、旅游景区、游客乃至旅游相关行业都有着至关重要的意义。

由于旅游短期客流量是一个主要由游客参与的、复杂的、不确定的非线性系统，受到诸如自然气候、节假日及旅游突发事件等多种因素的影响，在不同时期呈现不同的特点，因此给短期客流量的预测带来了极大的难度，目前很难用一个统一的方法去实现不同时期的短期客流量预测。

目前，我国多数旅游景区已经逐步开始重视短期客流量的预测工作，但由于信息化起步较晚，有记录的客流量数据样本小，对短期客流量如日客流量的预测都是建立在感性的管理经验及景区宏观预测上，其过程由政府相关统计部门根据每日汽车、火车、飞机等流量信息，参考经济增长、历史数据推算出较为宏观的游客数量增长率；部分历年游客资料较完善的旅游景区可以利用历年来同期同日游客数量，配合天气、政府宏观预测等因素，大致推算出每日游客的数量；少数信息化较早的景区还可以利用门票系统的预售票、每日门票销售情况，结合多年的管理经验，在每日早上推算出当日接待游客数。但是由于客流量与节假日、天气、重大活动、历史客流、突发事件等诸多要素相关，以上推算一般存在较大的误差，对旅游景区来说可操作性较差，甚至可能会出现因为措施制订失误造成严重的浪费。一直以来，由于缺乏清晰的数学模型，导致短期客流量预测值和真实值之间存在较大偏差，更无法建立客流量与历史客流量、自然气候、节假日等因素之间的定量关系。

黄山风景区作为我国著名的 5A 级山岳风景区，由于其独特的地形地貌、植被和人文景观成为游客热点旅游目的地，而且黄山风景区四季自然、气候等条件分明，客流量常年处于极度不均衡状态，因此本研究将代表性地选取黄山风景区为应用背景，研究以日为主的旅游短期客流量预测问题，通过对不同影响因素及不同时期客流量特点的分析，拟建立准确的、能反映与历史客流量、自然气候、节假日、旅游突发事件等要素有定量关系的不同时期的短期客流量预测模型。

1.2 国内外旅游需求研究方法分析

国际上从 20 世纪 60 年代初期就对旅游需求进行了研究，通过建立不同的预测模型对旅游客流量进行预测，从最初的传统时间序列方法到计量经济学模型，发展到后来的人工智能预测方法，从理论到方法逐渐趋已成熟，并且取得大量的研究成果。

1.2.1 经典时间序列预测方法

经典时间序列预测方法是根据系统观测得到的时间序列数据，发现其历史的趋势和模式（如季节性），并依据这种历史的趋势和模式，通过曲线拟合和参数估计来建立数学模型的理论和方法。

1. 研究现状

经典时间序列预测方法主要以指数平滑模型(exponential smoothing，ES）及 Box-Jenkins 预测等方法为主，其中自回归模型（auto regressive，AR）、滑动平均模型（moving average，MA），以及在此基础上提出的自回归滑动平均模型（autoregressive moving average，ARMA）、自回归求和滑动平均模型（autoregressive integrated moving average，ARIMA）均为 Box-Jenkins 方法的不同形式，ARIMA 模型后来成为 Box-Jenkins 方法的代名词。

初期的旅游客流量时间序列预测是关于一些预测技术的应用及预测准确性的分析，预测方法以单变量的 Box-Jenkins 预测方法和 ES 等最为常见。Geurts 等人用 Box-Jenkins 预测方法对夏威夷旅游市场每月客流量进行预测，并同指数平滑方法做比较，结果发现 Box-Jenkins 预测方法效果较好，平均误差达到 3.5%，平均绝对误差达到 8.3%；Liepa 用 Box-Jenkins 预测方法预测美国到加拿大的每月客流量，认为该方法能够实现较准确的预测。Fritz 等人用 ARIMA 方法与计量经济学模型天真法等结合，通过游客停留的时间、支出等来预测通过航空途径到达佛罗里达州游客的数量。Witt 等人用指数平滑方法预测拉斯维加斯旅游客流量，在与天真 1 方法的比较中，指数平滑 MAPE 值最小。Chu 用了六种不同的预测方法对来自亚太地区的十个不同国家如新加坡、泰国、韩国等到达中国台湾的客流量进行预测，结果显示以 ARIMA 为基础的模型 MAPE 值最小，预测效果最好。

进入 21 世纪后，学者们关于旅游客流量预测的文献有超过三分之二使用的是 ARMA、ARIMA 模型及以它们为基础的季节 ARIMA 模型、ARMAX 模型、广义自回归条件异方差模型（generalized autoregressive conditional heteroskedasticity，GARCH）等。这些方法进一步丰富了经典时间序列预测方法，并在旅游需求预测方面得到极大应用并发挥了重要的作用。

Gustavsson 和 Nordstrom 利用 ARMA 对不同类型瑞典入境游客流量进行预测，取得很好的预测效果；Lim 和 McAleer 分别使用 ES 模型和 ARMA 模型预测中国香港、马来西亚、新加坡到澳大利亚的月客流量和季客流量；Tideswell 等人认为 ES 模型能够将较大的权数放在最近的数据上，因此预测的结果更能反映实际的趋势；Cho 用 ARIMA 方法预测美国、英国、新加坡、日本、中国台湾和韩国到达中国香港的客流量；Du 等人预测四个欧洲国家：法国、德国、意大利和英国到 Seychelles 岛的客流量，结果发现 ARIMA 预测效果优于单变量和多变量状态空间模型；KongOh 和 Morzuch、Pai 和 Hong 使用 ARIMA 预测旅游客流量；由于季节性是旅游行业的突出特征，Goh 和 Law、Papatheodorou 和 Song（2005）、雷可为和陈瑛（2007）、王丽英和刘后平（2008）使用季节 ARIMA 模型预测旅游客流量，都取得了很好的预测效果。考虑到 ARIMA、SARIMA 等模型存在预测性能的易变性，学者们努力将单变量的时间序列预测模型向多变量转变，Akal 通过 ARMAX 模型预测土耳其的国际游客到达量；Chan 等人利用三种不同类型的多变量 GARCH 模型预测日本、新西兰、英国和美国到澳大利亚的月客流量，为旅游部门提供了很好的预测和分析工具。其他的一些时间序列预测方法如简单的自回归模型、天真 1、天真 2 也经常被应用于旅游客流量预测，但是这些模型在更多的时候是作为一种衡量预测准确性的对比模型出现的。

2. 存在的问题

在利用经典时间序列方法进行旅游客流量预测时，对历史数据准确性有较高要求，坏数据对其预测效果影响很大，需要严格处理脏数据；同时还要求被预测变量在过去、现在和将来的各种客观条件基本保持不变，历史数据解释的规律可以延续到未来，预测变量的发展过程是渐变的，而不是跳跃式的或大起大落的，因此经典时间序列预测多以线性方法为主，重在线性时间趋势的外推，对旅游客流量生成与影响因素的内在作用机理分析不够，没有考虑其他对旅游需求影响的各种干扰因素，模型中没有体现影响因素和预测值之间的因果关系，对中长期尤其是长期的旅游客流量趋势预测能取得较好的预测效果。旅游短期客流量由于受到众多因素的影响，尤其当遇到一些节假日、突发事件等因素而导致客流量呈现巨大波动性时，非线性性、随机性不确定趋势明显，经典时间序列预测模型很难把握短时客流量的特征，往往难以实现复杂的非线性的短期客流量，因此不能为旅游决策者带来更多的参考和建议。

1.2.2 计量经济学预测方法

计量经济学方法是揭示经济活动中各个因素之间的定量关系，通过对与预测对象有联系的经济现象变动趋势的分析，推算预测对象未来状态数量表现，用随机性的数学方程加以描述的一种预测方法。计量经济学模型在旅游客流量预测方面应用广泛，其主要优点是能够反映出旅游客流量和它的影响因素之间的因果关系，能够从经济角度解释旅游客流量的变化情况，而这一点是经典时间序列预测方法无法做到的。

1. 研究现状

近年来，计量经济学方法关于旅游需求方面的预测主要以误差修正模型（the error correction model，ECM）、向量自回归模型（the vector autoregressive，VAR）、时变参数模型（the time varying parameter models，TVP）、自回归分布滞后模型（the autoregressive distributed lag model，ADLM）和近似理想需求体系模型（the almost ideal demand system model，AIDS）为主。

Kulendran 和 Wilson 等人用 ECM 预测澳大利亚四个重要的贸易伙伴到澳大利亚商务游的客流量数目，Kulendran 和 Witt 用 ECM 预测英国到六个主要目的地的出境游，所用的变量为汇率，研究结果表明 ECM 更适合做中长期预测；Lim 和 McAleer 用 ECM 模型预测新加坡和中国香港到澳大利亚的客流量，使用收入和旅游价格作为影响因素，研究结果同样表明 ECM 更适合做中长期预测。Dritsakis 和 Athanasiadis、Ismail 等人用 ADLM 模型分别预测希腊市场的旅游客流量和日本到关岛的客流量；Song、Witt 和 Jensen 将 ADLM 模型用在丹麦的入境客流量预测上，Song、Wong 和 Chon 也将其用在中国香港的入境客流量预测上。Shan 和 Wilson 使用 VAR 模型研究国际贸易和旅游客流量的关系；Witt 等人通过旅游支出来实现客流量预测，他们认为 VAR 能达到最好的预测效果；Song 和 Witt（2006）利用三种不同类型 VAR 模型预测六个客源国和地区：中国内地、中国香港、中国台湾、日本、韩国和菲律宾到中国澳门的客流量。Wong 等人用贝叶斯向量自回归模型（the bayesian vector autoregressive，BVAR）预测客源国：澳大利亚、加拿大、法国、德国、英国和美国到中国香港的客流量。作为一种后来发展起来的计量模型，AIDS 具有更强的经济理论基础，近年来被用于旅游客流量分析，Durbarry 和 Sinclair、De

等人、Li 等人用 AIDS 方法分别对客流量进行了预测。

近年来，ECM 模型常常也和其他模型结合在一起使用，如 ECM-TVP 模型，有文献将 TVP 和 ECM 优点结合，通过人均旅游消费预测英国到法国、西班牙、意大利、希腊和葡萄牙等国的客流量；有文献将 ECM-AIDS 方法用于旅游客流量相关预测，取得了较单个模型更好的效果。曾忠禄、郑勇（2009）曾通过中国内地人均可支配收入、消费者物价指数、国内生产总值，以及澳门与内地之间商品进出口总额、港币与人民币汇率等变量，建立计量经济学模型来估计内地赴澳门游客客流量。计量经济学模型在国外研究中应用较多，而在国内用于旅游需求研究的较少。

2. 存在的问题

计量经济学方法主要通过游客收入、目的地相对于客源地的旅游价格、竞争目的地的替代价格以及汇率等作为解释变量，通过这些解释变量来反映它们和旅游客流量之间的因果关系，克服了经典时间序列预测模型的缺点。但该类方法主要研究的是以目的地—客源地的客流量预测为主，存在耗时耗费大、影响因子难以确定等问题；而且由于不同目的地—客源地影响客流量的宏观因素各不相同，很难建立一个对所有目的地—客源地都适合的计量方法；同时该类方法所用的数据大多为间接数据，多通过经济变量来间接预测旅游客流量，真正来源于旅游风景区的直接数据相对较少，因此对预测的准确性造成一定的影响。

1.2.3　人工神经网络预测方法

除了经典时间序列预测方法和计量经济学模型外，一些新的定量预测方法被用于旅游客流量预测。人工神经网络（artificial neural network，ANN）方法是其中的一种。作为一种模拟人脑神经性能的数据处理技术，它是由大量处理单元互联组成的非线性、自适应信息处理系统。ANN 被分为两种：前馈神经网络（feedforward networks）和反馈神经网络（feedback networks）。ANN 由于其具有的自学习、对非线性数据和不完备数据的较强的处理能力、高速寻优能力，已经被广泛地应用于旅游需求预测领域。

1. 研究现状

ANN 方法虽然已经被广泛地应用于许多领域，但是具体应用到旅游预测领域的时间不长。神经网络最早应用在旅游预测领域是在 1999 年，Law 等人用前馈神经网络预测日本到中国香港的游客数量，取得了较多元回归、指数平滑等方法较精确的结果。2000 年以后学者们才开始将 ANN 方法应用于该领域，并取得很大的成功。

有文献在前馈神经网络延伸的基础上，用反向传播神经网络（back-propagation neural network，BPNN）预测中国台湾到中国香港的客流量，取得了良好的预测效果，准确性优于时间序列预测方法。有文献研究显示，同天真 1、ES、ARIMA 等方法对旅游客流量进行预测比较时，ANN 是表现最好的方法；同样的结论也被 Burger（2001）等人和 Cho（2003）证实：他们用 ANN 方法分别预测美国到南非德班的客流量，美国、英国、日本等国到中国香港的客流量，结果均显示该方法优于 ARIMA、ES 等方法；Kon 和 Turner（2005）用 ANN 预测新加坡的游客到达量时，结果显示 ANN 预测效果明显好于天真 1 等方法。Pai 和 Hong（2005）、Palmer 等（2006）、鲍青青等（2008）利用 ANN 预测旅游客流量，焦淑华等人用 BPNN 对中国的入境游人数进行预测，张郴等人用 BPNN 对美国、英国、澳大利亚三个客源国的入境游客进行预测，均取得一定的成果。

2. 存在的问题

ANN 对非线性数据有着很强的处理能力，它不依赖于变量之间的关系，对数据分布的特点无特别要求，但也有其自身的缺陷。首先，作为一种计算方法，和传统时间序列模型相比，它缺少理论支撑和系统的建模过程，参数的选取往往要通过反复试验的方法获得，学习过程通常较慢，整个过程耗时长，容易陷入局部最优；其次，ANN 方法需要大量的数据进行训练，在国外的旅游客流量预测中，ANN 显示出预测的优越性，但是，这一点在我国往往却难以实现，因为我国的旅游景区信息化起步比较晚，真正完整的保存下来的旅游数据样本小，数量有限，因此在旅游客流量预测方面受到了一定的限制；最后，ANN 技术解释性不强，无法从经济理论视角很好地解释旅游客流量，对客流量短期波动性和季节性问题不能进行很好的分析和预测,而且由于神经网络的学习过程通常较慢,对突发事件的适应性差,因而不能为政策的评估和决定提供更多的建议与帮助,这也限制了ANN在旅游客流量预测方面应用的广度和深度。

1.2.4 支持向量回归预测方法

基于统计学习理论的支持向量回归(support vector regression,SVR)方法以其良好的泛化能力、处理小样本、非线性数据的独特能力为非线性时间序列预测提供了一种新的理论指导。近年来,SVR在预测领域的应用发展迅速,主要集中在金融、电力、交通、旅游等方面的广泛应用。在这些应用中,SVR主要同其他方法技术结合,实现了非线性预测的目的。

1. 研究现状

将SVR应用于旅游需求预测是近几年相对比较新而又富有挑战性的领域。有文献针对多数预测模型解决单因素预测问题,提出一种多因素的SVR(multifactor SVR)用于旅游需求预测,结果显示,该模型优于BPNN。有文献提出将SVR和GA结合(GA-SVR)预测旅游需求,分别预测中国入境游客流量和陕西旅游客流量,用BPNN和ARIMA作为对比,结果均显示,GA-SVR明显优于BPNN和ARIMA方法。有文献提出将线性和非线性模型结合起来预测旅游需求:天真法(Naïve method)、ES、ARIMA、BPNN、SVR,组成六种混合模型,分别为Naïve-BPNN、ES-BPNN、ARIMA-BPNN、Naïve-SVR、ES-SVR、ARIMA-SVR,并将六种混合模型分别用于中国台湾出境游的六个地区的年度客流量预测:中国、东北亚、东南亚、美洲、欧洲、大洋洲,结果显示,Naïve-SVR、ES-SVR、ARIMA-SVR在准确性和转折点的预测上明显好于其他三种方法。Hong等人将混沌GA和SVR结合预测Barbados入境游,取得了较GA-SVR准确的效果。

2. 存在的问题

SVR方法具有比较完善的理论基础及良好的学习性能,在非线性时间预测领域已经取得了丰硕的成果,是一个大有发展前景的研究方向,但 SVR 在具体应用时仍面临着新的挑战,仍需要解决以下几个关键问题。

首先是核函数选择问题。SVR 的性能在很大程度上依赖于核函数的选择。一些实验表明,在分类中核函数几乎产生相同的作用,但在回归中就不一样了,不同的核函数对拟合结果有很大的影响。目前,大多数的文献使用 Gauss 径向基作为核函数,取得了良好的拟合效果,其他可用于核函数的方法将有待于继续研究。

其次是自由参数选择问题。目前没有一个最优的选择方法,进化算法由于在解决最优化问题方面的鲁棒性和通用性,通常被用来对自由参数进行选优,如遗传算法(genetic algorithm,GA)、粒子群算法(particle swarm optimization,PSO)等。

最后,SVR 不能很好地处理旅游客流量的转折点及突发性客流量方向性变化等特殊情况,如不能正确处理旅游节假日游客流量中出现的典型的季节性,也无法对突发事件发生的客流量突然性变化等准确预测,但是可以通过一些技术如季节处理、与其他方法混合预测,来克服 SVR 在此方面的局限性。

1.3 国内外旅游需求研究内容分析

通过对国内外对旅游客流量预测方法的研究发现,目前的文献对旅游客流量预测的内容关注点主要集中在两个方面:目的地—客源地客流量预测及中长期旅游客流量预测。

1.3.1 目的地—客源地旅游需求预测

旅游目的地指旅游业中的景点及住、行、娱等相关配套设施;旅游客源地是指旅游产品的经常购买者和潜在购买者。目前,国内外研究者尤其是国外研究者对旅游客流量预测的研究主要以目的地—客源地的客流量预测为主。有文献预测了中国作为目的地的客流量;有文献预测了中国香港作为目的地的客流量;Huang 和 Min 等预测了中国台湾作为目的地的客流量；Lim 和 McAleer 预测了澳大利亚作为目的地的客流量。Petropoulos 等人（2005）、Coshall 将英国作为客源地，Durbarry 和 Sinclair（2003）、Gallet 和 Braun 将法国、美国作为客源地；Webber 将澳大利亚作为客源地，曾忠禄、郑勇将我国作为客源地，分别预测其出境客流量，等等。

这些研究的共同特点是对如欧美、中国香港、中国澳门等发达国家或地区的出入境客流量的趋势进行预测，这对整个旅游行业有战略性的指导意义，为旅游业的健康发展提供了一定的帮助，但是关于到某一具体旅游景点客流量的预测研究较少，因而不能为旅游景点提供直接的信息帮助。

1.3.2 中长期旅游需求预测

Song 等人对近年来共 121 篇关于旅游客流量的数据使用情况进行分析，结果发现，在这 121 篇中使用年度数据的有 58 篇，使用季度数据的有 30 篇，使用月度数据的有 30 篇（其中有几篇使用了调查数据），而使用日数据的仅有一篇，即通过酒店的客流量间接预测短期旅游需求。最近几年，关于旅游客流量预测的均主要以中长期预测为主。

由此可见，在旅游客流量的预测上，主要以中长期预测占主导，使用数据是年数据、季数据或月数据，关于旅游短期客流量预测如日客流量预测的较少。

1.3.3 预测方法的选择

Song 等人同时也发现在列出的 121 篇文章中，经典时间序列预测模型 72 篇，计量经济学模型 71 篇，其中 30 篇关注了旅游需求和其影响因素之间的关系，除了考虑因果关系之外，41 篇对计量经济学模型的预测性能进行了评估，同时在 71 篇里超过 30 篇用了经典时间序列预测模型和计量经济学模型结合的办法；人工智能方法涉及较少，共 11 篇；SVR 共 2 篇。由此可以看出，目前对旅游客流量预测方法的研究仍然主要集中在经典时间序列预测模型和计量经济学模型上，一些新的方法如 SVR 虽然得到了广泛应用，但应用较成熟的领域主要集中在金融市场预测、电力负荷预测、交通流预测等方面，具体在旅游行业的研究相对较少。

综上所述，通过对上述不同的预测方法和预测内容的研究发现，在旅游客流量预测方法选择上，以经典时间序列预测模型和计量经济学模型为主，但是 SVR 方法已经逐渐表现出其广泛的应用前景。SVR 所具有的较强的处理非线性问题的特点，使得其在与 ARIMA、ANN 等方法对比时显示出较强的预测能力。虽然在处理季节性、突发性客流量时 SVR 存在相应的局限性，但是可以通过与其他技术的结合实现准确预测；同时 SVR 能够实现对小样本数据的预测，这一点与我国旅游景区目前有记录的数据样本少的情况相符合。基于此，本研究将在现有的预测研究的基础上，对 SVR 在旅游短期客流量预测应用进行研究，利用黄山风景区不同时期短时客流量数据进行实验仿真，以证明 SVR 在旅游短期客流量预测领域的有效性和可行性。

1.4　本研究主要研究内容

本研究以旅游景区为研究对象，以科学合理预测旅游景区短期客流量为目标，基于短期客流量在不同时期表现出的不同特点，将其分成平常日客流量、节假日客流量、突发事件时期客流量三种不同类型，分别研究这三种不同类型的短期客流量预测方法问题。

本研究的主要研究内容如下：

第 1 章为绪论部分。介绍了本研究的研究背景和研究意义，对国内外旅游客流量经典时间序列预测方法、计量经济学预测方法、ANN 方法和 SVR 方法、旅游客流量预测内容等方面进行了系统综述，指出了各种预测方法存在的局限性、具体预测内容存在的局限性，以此为基础，进一步提出本研究研究的主要内容。

第 2 章分析旅游短期客流量的主要影响因素。受不同影响因素影响，短期客流量表现出不同特点，以此为基础将短期客流量的研究分成平常日的客流量、节假日的客流量以及旅游突发事件时期的客流量。

第 3 章研究平常日客流量的预测方法。首先，对 SVR 的原理进行了详细介绍，指出其对非线性、小样本数据的较强预测能力；其次，由于平常日客流量非线性突出的特点，提出基于遗传算法的支持向量回归模型即 GA-SVR 方法，利用 GA 的参数寻优能力对 SVR 自由参数进行选择，并将该方法与 BPNN 方法进行对比。基于黄山风景区的平常日短期客流量等相关数据验证表明：GA-SVR 模型较好地处理了平常日节假日客流量的非线性问题，和 BPNN 方法相比，其预测误差更小，准确性更高。

第 4 章研究节假日客流量的预测模型。首先，介绍了季节性形成原因、季节性的特点；然后，具体介绍了不同的季节调整方法，同时也对自适应遗传算法的原理进行了阐述；最后，针对每年节假日客流量呈现的明显季节性特点，提出两种基于季节调整的自适应遗传算法支持向量回归方法即季节指数调整（seasonal exponential adjustment，SEA）的 AGA-SVR 预测方法即 SEA-AGA-SVR、季节因子调整（seasonal index adjustment，SI）的 AGA-SVR 预测方法即 AGA-SSVR。其中，SEA-AGA-SVR 重在事前的短期客流量原始时间序列季节指数调整，AGA-SSVR 重在事后对预测值季节因子调整。来自黄山风景区 2008—2012 年节假日的客流量数据的实验结果表明，两种季节调整方法均能有效去除季节性成分，预测效果均优于 AGA-SVR 方法，但是由于 SEA-AGA-SVR 直接对原始时间序列数据进行季节性处理，预测效果优于事后调整的 AGA-SSVR 模型，同时预测时间也大大缩短。

第 5 章研究旅游突发事件时期客流量的预测模型。由于突发事件的突发性、无法预见性的特征导致了这个时期的客流量高度的不确定性、随机性，非线性与线性交织在一起，单一的 SVR 预测方法往往难以实现准确预测。本章提出了一种基于混沌粒子群的支持向量回归模型和自回归移动平均模型相结合的混合方法即 CPSO-SVR-ARIMA 模型，进行了两阶段的预测。由于客流量突然变化的特点，要想保证 SVR 预测的有效性，对其自由参数的选择要求更高，因此，使用 CPSO 对 SVR 模型进行寻优，再对突发事件时期客流量进行预测，然后使用 ARIMA 模型对

CPSO-SVR 预测残差序列预测，最后将两者预测值相加。来自黄山风景区汶川地震时期的数据表明，CPSO-SVR-ARIMA 混合模型能够很好地抓住突发事件客流量的波动及变化轨迹，预测精度明显高于单一的 CPSO-SVR 和 PSO-SVR 等方法。

第 6 章总结。对本研究的研究进行总结，并提出未来的可能研究方向。

1.5 本研究结构安排

本研究的章节及主要内容如图 1.1 所示：

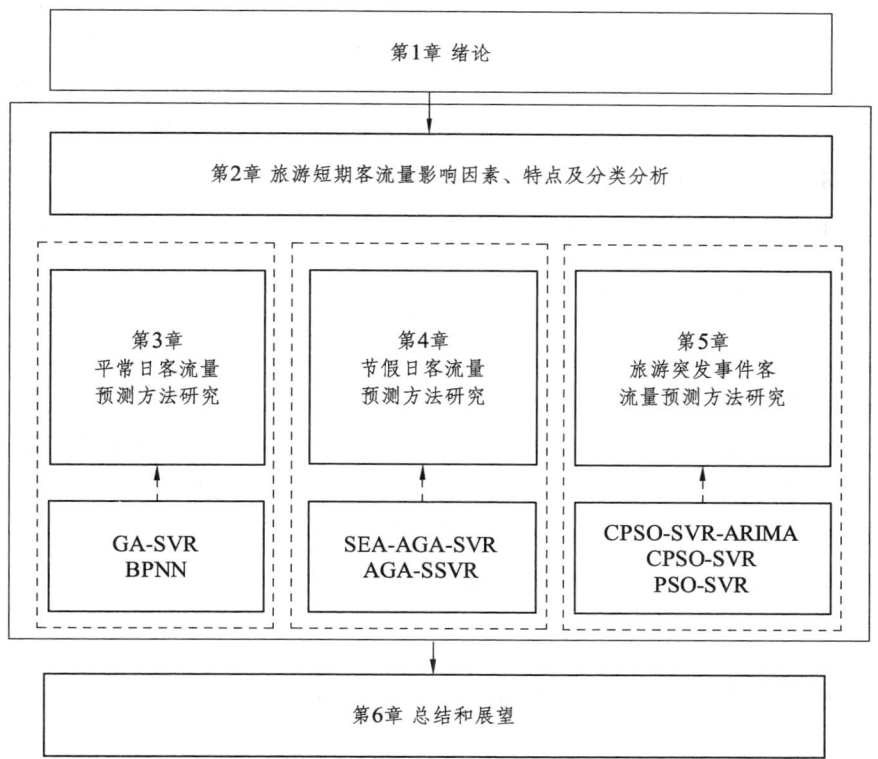

图 1.1 本研究章节及主要内容

第 2 章 旅游短期客流量影响因素、特点及分类分析

2.1 影响因素重要性分析

旅游客流量，指在一个区域上由于旅游需求的近似而引起的旅游者集体性空间位移现象，即旅游者从客源地向目的地流动的人群数量和流动模式。根据时间尺度的不同，将旅游客流量分为日客流量、月客流量、季客流量和年客流量，其中日客流量称为短期客流量，月客流量、季客流量和年客流量统称为中长期客流量。不同时间尺度的客流量受到的影响因素不同，客流量特点也不相同。中长期客流量更易受经济、社会、文化等宏观因素的影响，波动变化相对较缓；短期客流量由于受时间、空间、信息等各项条件的制约，它具有与中长期旅游客流量不同的特征，目前国内外学者对其研究尚少，是旅游地理研究的薄弱环节。但是由于短期客流量的影响因素和特点的研究，是进行短期客流量预测的基础，对旅游地的规划、旅游销售及景区容量管理将产生重要的意义。因此，本章将对旅游短期客流量的影响因素进行分析，从而进一步分析旅游短期客流量的特点及旅游短期客流量预测分类。

2.2 旅游短期客流量主要影响因素分析

在国内外的文献研究中，旅游客流量影响因素提法甚少，大多数研究为旅游需求影响因素的分析。旅游需求指居民在一定时期内（一般是

以年为单位），对境内旅游产品具有支付能力的现实和潜在的购买力总和，具体的表现形式可以是一段时期内的国内旅游总收入（总花费）或旅游的总人数。旅游需求影响因素即为影响一段时期内的旅游总收入或旅游总人数的因素，是一个长期的要素。国内外学者对其研究各有侧重点。

2.2.1 国外学者对旅游需求影响因素的分析

旅游需求影响因素的研究是旅游需求预测研究的核心内容之一，是国内外旅游需求预测研究中相对成熟的领域。国外学者在旅游需求影响因素研究方面主要是将其作为解释变量，然后运用定量方法构建模型来分析，并取得了较好的效果。

Frechtling 为了对不同旅游预测技术的优缺点进行系统研究，将旅游客流量的影响因素分成推力、拉力及阻力，他将人口数量、居民的收入趋势和分配、受教育程度、闲暇时间等看成动力，而将天气、社会文化、目的地市场吸引力和特殊时间以及价格、供给能力、距离、战争社会动荡、自然和人为的伤害等因素看成影响客流量的阻力。旅游客流量受到推力、拉力及阻力的不同影响而呈现不同的变化，这是国外学者对旅游客流量影响因素比较概括的描述。也有学者直接将一些宏观经济要素作为旅游需求的影响因素，如 Witt 将影响因素分为商品价格、人均收入及人口数量等；Loeb 在预测美国到其他七个国家的游客数目时，将个人收入、汇率、旅游相对价格作为影响因素；有文献将国民收入作为主要影响因素；有文献用收入、目的地价格和旅游成本等作为影响因素预测葡萄牙的入境旅游需求。除此之外，也有文献认为重大社会、经济和政治事件、自然灾害等因素也会对旅游需求造成极大影响。

从国外学者的研究中发现，他们主要从经济因素的角度如收入、价格、汇率等对出入境旅游需求影响因素进行研究，较少关注到气候、环境等因素对旅游需求的影响，而且研究的关注点主要是中长期旅游需求预测的长期影响因素，比较宏观。

2.2.2 国内学者对旅游需求影响因素的分析

国内学者谢彦君将旅游需求影响因素分为影响因子和障碍因子，其中个人收入、价格和心理偏好等为影响因子，距离、时间文化、社会责任和身心障碍等属于障碍因子，该研究的侧重点主要在游客个人的影响因子，对社会因子缺乏研究；保继刚等认为影响因子为经济发展水平、教育水平、资源和交通、价格和汇率等；王艳平认为每个影响因子影响的强弱不同，提出了影响因素的层次模式：客源地（社会因子、余暇因子、偏好和安全等）、目的地（价格、资源产品）、媒介（空间影子、营销等）；刘富刚将国内旅游需求的影响因素分为消费者内部因素和外部环境因素两种，其中可支配收入、人口、闲暇时间等属于消费者内部因素范畴，而政治法律因素、经济、社会文化、交通运输、旅游资源等因素则属于外部环境因素；关勇等人从经济发展水平（GDP）、可支配收入、闲暇时间、人口、交通等方面讨论国内旅游需求的影响因素；陶伟等人结合我国国情将影响因素按宏观和微观分为社会因素（人口、经济、社会文化、政治法律、旅游资源、特殊事件等）和个人因素（个人收入、闲暇时间、心理偏好等）。

由此可见，国内学者对旅游需求影响因素的研究，除了考虑经济因素外，心理偏好、消费习惯等也成为影响旅游需求的重要因素。同国外学者对旅游需求影响因素的分析类似，国内学者的研究主要集中于中长期、趋势的影响因素。

综上所述，国内外文献关注点主要集中在影响中长期旅游需求预测的因素上，如经济、社会、文化等因素，比较宏观，难以获取，而且国外学者研究的旅游需求影响因素主要通过定量的计量经济学模型实现，国内学者则更多以定性分析为主，真正关注旅游短期客流量如每日客流量、未来 3~5 日客流量等具体影响因素的较少。

2.2.3 旅游短期客流量主要影响因素分析

短期客流量反映以每日为单位的游客数量的变化和趋势。由于短期客流量跨度时间尺度小，因此，经济、文化等宏观因素对其直接影响较小，它更多受一些相对微观的、直接的因素影响。

1. 历史客流量

在时间序列预测中，由于其他的影响因素难以获取，历史客流量成了大部分学者在研究预测时的首选影响因素，而且历史客流量随着日期的接近，影响程度会更高。在交通流短期预测和电力负荷短期预测中，历史客流量成了最重要的影响因素：有文献用历史客流量实现短期交通流量的预测；有文献用历史客流量实现短期用电负荷的预测。历史客流量同样也被学者们用于旅游中长期客流量预测，有文献用历史同期客流量来实现旅游目的地的客流量预测。在旅游短期客流量影响因素的研究中，历史客流量除包含历史同期客流量外，还应包含前一日客流量即昨日客流量，原因在于相邻两日的各个影响因素变化不大，对预测当日客流量有着重要的参考意义。另外，对于一些有特殊自然景观如日出的景区来说，为了实现每日客流量的预测，当日某一时刻前的游客数量也成为重要的参考依据，选取的原因在于某一时刻前客流量和当日客流量具有极高的相关关系。以黄山风景区为例，黄山景区日出等自然景观吸引着数以万计的游客，绝大多数的游客会在早上八点前登山，由于此时段客流量高度集中而且容易监控，黄山风景区主要通过对这部分客流量的统计来实现当日客流量的预测。为了进一步说明问题，这里选取黄山景区 2009—2011 年三年间每日客流量、每日八点前客流量，如图 2.1 所示，并对其进行两两相关性分析，分析结果如表 2.1 所示。

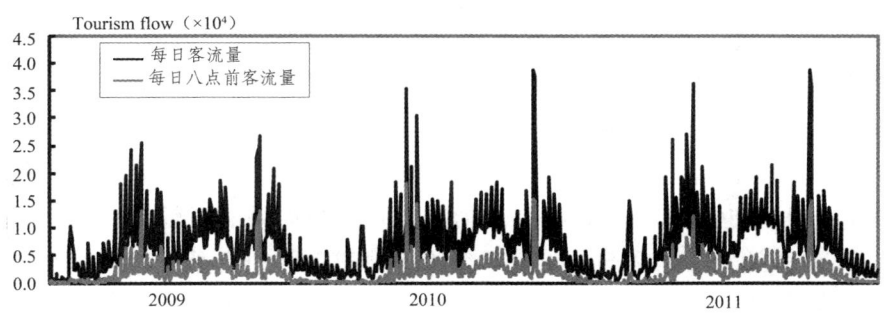

图 2.1　黄山风景区 2009—2011 年每日客流量

表 2.1　历史客流量影响相关性分析

	上午八点前客流量	昨日客流量	历史同日客流量	
			2009	2010
每日客流量（2011）	0.931 6	0.608 3	0.692 5	0.806 3
相关性	高度相关	中度相关	中度相关	高度相关

由图 2.1 和表 2.1 可以看到，在历史客流量中，每日八点前客流量与每日客流量波动情况几乎相同，相关度最高，相关系数达到 0.931 6；同时从图 2.1 可以发现，三年客流量波动情况类似，其中 2009、2010 年与 2011 年的相关系数分别为 0.692 5 和 0.806 3，分别呈中度相关和高度相关，这说明日期的接近，使得历史客流量影响程度逐渐加强；昨日客流量与每日客流量相关系数稍低，但也表现出一定的相关性。这些数据进一步说明历史客流量对每日客流量起着重要的影响作用，是进行每日客流量预测的最重要影响因素。

2. 人体舒适度指数

通常情况下，人们以温度的度数高低来确定是否外出旅游，温度成了影响客流量多少的最重要的因素。欧洲 WISE（Weather Impact on Natural Social and Economic Systems）研究发现，欧洲的海滨度假景区在每年的 7 月份中温度每升高 1 ℃，当地客流量增加 24 783 人，而每年 8 月份的气温每升高 1 ℃，则会使当地游客人数增加 62 294 人；对冬季阿尔卑斯山脉地区来说，冬季气温每上升 1 ℃，就会导致国内客流量下降 30 368 人。这说明了温度变化对旅游客流量的直接影响。但是随着外界环境的多变，单一的温度高低并不能成为影响人们外出旅游的唯一标准。人体对外界冷热的感知除了温度以外，空气相对湿度、风速等因素同样对其产生不可忽视的影响，它们是影响人体是否舒适的重要气候要素，进而影响着人们外出旅游决策。如果相对湿度较小，风速较大，即使气温较高，人们也不会产生特别炎热的感觉；同样如果气温较低，只要湿度、风速适宜，人体也不会产生寒冷的感觉。在这些情况下，人们都倾向于外出旅游，因此人体舒适度指数成为旅游短期客流量预测的另一个重要影响因素。人体舒适度指数是温度、湿度、风速等气象要素的综合指标，它是以人类机体与近地大气之间的热交换原理为基础，从气象角度评价人类在不同气候条件下舒适感的一项生物气象指标，是影响旅游地开发的重要因素，它直接影响到旅游季节的长短及客流量的年内变化。一般情况下，人体舒适度指数的计算公式为：

$$SSD = (1.818t + 18.18)(0.88 + 0.002t) + (t-32)/(45-t) - 3.2v + 18.2 \qquad (2.1)$$

其中，t 为平均气温，f 为相对湿度，v 为风速。

通过上述公式，人体舒适度指数被分成表 2.2 所示的等级：

表 2.2 人体舒适度指数类型表

人体舒适度指数	人体舒适度感觉
86～88（4级）	感觉很热，极不适应
80～85（3级）	感觉炎热，很不舒适
76～79（2级）	感觉偏热，不舒适
71～75（1级）	感觉偏暖，较为舒适
59～70（0级）	感觉最为舒适，最可接受
51～58（-1级）	感觉略偏凉，较为舒适
39～50（-2级）	感觉较冷（清凉），不舒适
26～38（-3级）	感觉很冷，很不舒适
<25（-4级）	感觉寒冷，极不适应

人体舒适度对客流量的影响被许多学者所研究。有文献通过对哈尔滨、大连、北京和海口等地的入境客流量与舒适度指数的相关性分析，发现气候舒适度对客流量起到重要的影响作用。有文献以九华山为例，发现舒适度指数和客流量之间存在显著相关性；有文献通过对黄山风景区的客流量和舒适度的定量分析，也得出同样的结论：人体舒适度指数对年内客流量产生重要影响，两者高度相关。同时通过黄山风景区 2009—2011 年每日人体舒适度指数（见图 2.2）可以看出，人体舒适度波动情况和图 2.1 中客流量的波动周期类似，两者存在极大的相关性。由此进一步说明，随着信息技术的极大发展，人们在外出旅游前，并不是单纯考虑温度的高低，他们会参考多种气象信息，并将其综合，根据天气带给身体的舒适度等综合要素来调整自己的出游行为。人体舒适度指数成为

游客出行的重要决策参考信息，对客流量产生着直接的影响。

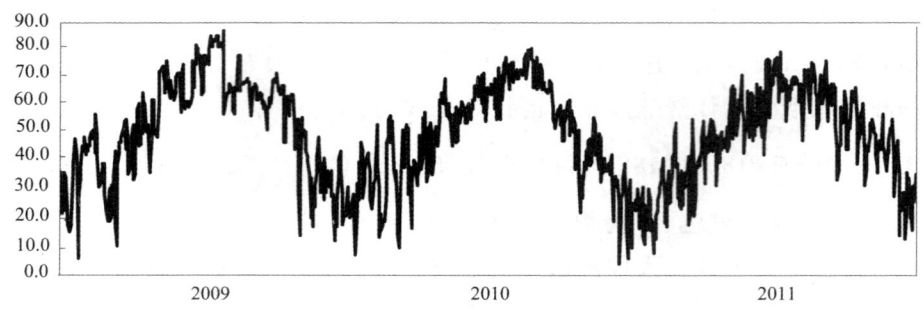

图 2.2　黄山风景区 2009—2011 年每日人体舒适度指数

3．节假日

2008 年我国实行新的休假制度，将每年节假日休假定为元旦、春节、清明节、端午节、劳动节、中秋节和国庆节，其中元旦、清明节、端午节、劳动节和中秋节各休假 3 天，春节和国庆节各休假 7 天，每年休假天数共计 29 天。新休假制度的实行带动了假日经济、假日旅游的兴起，居民短线旅游意愿急剧升温，从而使得节假日旅游成为我国国民经济新的增长点。有文献指出，2011 年，节假日旅游客流量比往年更加拥挤、更为集中，又创历史新高。张朝枝提出，在固定长度的休假时间内，游客的出游行为规律基本不变，游客的时间成本通常是 2～5 天，旅游需求对休假时间有较强的敏感性。有文献指出，休假时间越集中，游客总量越大，在节假日外出旅游的居民中，调查显示，有 43.62% 的人会选择在国庆节出游，12.41% 的人会选择春节，造成这种情况的原因是我国休假制度带来的居民闲暇时间的限制。因此，节假日虽然时间较短，但是它使得人们一段时间以来被压抑的旅游需求得到充分释放，于是出现这种短期内大量集中同一景点的"井喷"现象，而且节假日的时间长短会给客流量带来极度不均衡的现象，例如，像春节、"十一"休假时间较长的节假日，尤其是国庆节，气候适宜，旅游景点通常都会在此时迎来年度客流的最高峰，图 2.1 黄山风景区近三年的客流量中几个明显的波峰点即为节假日客流量的情况。由此可以看出节假日成了影响客流量的不可或缺的因素。

4. 旅游突发事件

随着游客出游行为的变化及信息技术的发展，影响旅游短期客流量的因素已经不仅仅局限于由天气、节假日等所决定，各种旅游突发事件会对短期客流量产生重大影响。在旅游突发事件中，既有来自自然方面的如特殊的极端天气、突发性的地震等，也有来自公共卫生事件如突发性疾病，还有的来自一些金融危机、政治事件等。旅游突发事件对旅游业而言，其性质就是一种超常规的特殊影响因素。这种超常规的特殊影响因素会给旅游行业的发展造成严重危机，会给游客的旅游决策产生重要的影响，从而使得客流量在短期内会快速下降。1997年亚洲金融危机使得中国香港旅游业在当年的12月旅游人数减少57%、次年1月旅游人数减少26%；1997发生在意大利的地震、1999年在中国台湾发生的地震均对当地的旅游客流量造成持续一年左右的时间影响；有文献也研究了30年来突发危机事件对旅游客流量的影响，如SARS、汶川地震等事件均对旅游客流量造成重大影响。

旅游突发事件对客流量产生影响的原因主要由以下几个方面：① 自然性的突发事件，如极端天气、地震等会造成交通的不便，直接给人们的生命造成极大威胁，在这种情况下人们不能外出、也不敢外出旅游，尤其是受其直接影响的一些山岳风景区，如2008年暴雪期间，黄山风景区一天中登山游客最少为17人；汶川地震期间，本应为黄山旅游旺季，但是客流量波动异常，远低于往年。② 公共性的卫生事件，如SARS、禽流感等会给人造成一种精神上的恐慌，人们源于对风险的规避，不能外出，从而调整自己的旅游行为，减少出游行为。这些都直接导致了客流量在短期内的快速下降，因此，旅游突发事件虽说是小概率事件，但是它对客流量造成的影响越来越不能被忽视。

2.3 旅游短期客流量特点分析

旅游客流量是一个游客参与的、复杂的和时变的非线性系统，由于受到自然气候及节假日、突发事件等方面因素的制约和影响，旅游短期客流量总体上表现出一定的非线性性。又由于各个影响因素在不同时期的影响程度不同，使得客流量在不同时期表现出不同的特点。

1. 非线性性

旅游客流量时间分布的不均匀性是旅游地及旅游业的普遍现象，这种不均匀性形成了短期客流量在大多数平常日情况下表现突出的非线性性特点。这种非线性性既来源于旅游业自身的季节特征，又来源于旅游业容易受到外部因素干扰的脆弱性特征。非线性性特点更多地受自然条件、气候等外界规律性因素的影响，从而使得客流量有明显的淡旺季差异之分，尤其是一些山岳风景区和海滨型景区。下面以黄山风景区为例。从图 2.1 可以看出，每年 1 月、2 月、3 月、11 月和 12 月等月份的客流量较少，为其旅游淡季，5 月、7 月、8 月和 10 月等月份，客流量在短期内急剧增加，为旅游旺季；三亚景区在暑期、年前及年后会迎来客流旺季。这些客流量由于自然气候等因素造成的淡旺季的不均匀波动，整体上集中体现出客流量的非线性性特点。另一方面，随着旅游经济的进一步发展，旅游景区客流量也呈现连年增长的态势，但是这种增长并不是单纯地呈直线式，更多情况下也呈现出一种非线性趋势。在图 2.1 中，年内客流量整体上呈增长趋势，波动主要呈非线性趋势，这进一步说明了短期客流量在大多数平常日情况下非线性性明显的特点。

2. 季节性

由于人类的旅游活动在时间层面上呈现季节性的特点，使得短期客流量表现出明显的季节性特征，这是旅游行业的固有属性。这种季节性既有自然条件形成的自然季节性的影响，又有社会制度形成的制度季节性的影响。在我国，自然季节性是指自然现象的有规律的变化，特别是那些与全年气候的周期性变化密切相关的自然现象，主要体现在年际季节性和年内季节性两方面。年际季节性主要指年、季和月的季节性变化，如春、夏、秋、冬的交替变换。陆林等人通过研究发现，每年黄山、西递和宏村客流量的年际季节性主要表现为"三峰三谷"，主峰分别出现在五月和十月，次峰出现在八月，其中主峰分别对应着劳动节和国庆节两个重要的节假日；三亚年客流量呈现"三峰两谷"形状，三峰分别出现在年初、暑期和年末，两谷分别出现在每年的六月和九月；北海、普陀山客流量呈现为"三峰三谷"；九华山客流量呈现为"双峰双谷"等。这些都说明旅游客流量年、月季节性特征很明显。年内季节性主要表现为周、日客流量的季节性变动。卢松等人以西递景区为例指出，在一般情况下周内变化呈斜"Z"形规律，客流周内分布不均，以双休日人数最多，周一次之，周二最少，尔后逐渐回升，到下一个双休日又达到最高，而日内客流量分布为"双峰型"；黄成林等人认为，黄山虽然每年的客流量不同，但不同年度的游客日分布曲线波形基本相同，游客日分布曲线走势也基本相同，大体上呈"三峰两谷"形状，这说明存在着以周和日为主的年内季节性的变化。

制度季节性主要体现在每年固定的休假制度、学校的假期、职工的带薪假期等，它们会在一定程度上形成季节性。在我国，制度季节性主要体现在我国的节假日休假制度上，在这些节假日，人们的旅游需求得到集中释放，客流量较前后有较大的改变。

由于自然季节性和制度季节性叠加因素的影响，使得短期客流量波动幅度较平常日有明显不同，幅度达到最大。从图2.1——黄山风景区三年客流量图可以看出，波峰点出现在各个节假日，此时客流量除了非线性性特点外，最为明显的特点就是季节性，以季节性为主导的特点在节假日表现得尤为突出。

3. 随机性

旅游业是对外界环境变化较敏感、较脆弱的产业，近年来频频发生的各类旅游突发事件等影响因素都易造成旅游业客流量的随机性波动，非线性和线性交织结合在一起，没有固定的模式，形成旅游业发展过程中的特殊时段，具有与一般时段旅游不同的客流量特点。由于旅游突发事件的突然爆发性，事前没有先兆，客流量在短时间内发生急剧变化，使得客流量原有模式被打破，非线性性和季节性特点削弱，随机性趋势更明显。在这种随机性趋势里，既有非线性性的特点，同时也有线性的一些特征，两者随机交织在一起，无固定的规律性而言，而且对客流量研究观测的尺度越小，它的随机性就越强，越处于突出地位。近年来，洪灾、雪灾及 SARS 及一些政治事件等突发事件发生后客流量的变化情况，均说明了客流量波动随机性的特点。

2.4 旅游短期客流量分类分析

正确、恰当地对旅游短期客流量进行分类，能够更加集中、更加有效地使用有限的历史客流量样本，以便为提高短期客流量预测的准确性打下基础。短期客流量表现出的非线性性、季节性及随机性等特点是客流量在不同时期受不同因素影响的表现形式。就非线性性而言，它是短期客流量的一种固有特征，是短期客流量在没受到外在特殊因素如节假日和旅游突发事件影响时日常的一种常态化表现，它是客流量在大多数平常情况下呈现的最主要的特征。而在节假日，短期客流量虽然在年内整体上表现出非线性性特点，但是我国每年固定不变的休假制度形成的季节性和自然因素季节性的叠加使得季节性成了节假日客流量的最重要的特点，此时客流量波动剧烈，尤其像"十一"、春节这样的长假使得这种季节性特征最为突出。另外，在旅游突发事件发生时，客流量的变化完全不同于前两者，随机性特点占主导，其中既包含着非线性性特点，同时线性趋势也存在。研究小组目前正在与国内著名 5A 级风景名胜区黄山合作进行"智慧黄山风景区客流量智能分析预测系统"项目合作建设，获取了大量短期客流量的第一手资料，通过对图 2.1 中黄山风景区客流量数据样本的分析发现：在没遇到节假日和旅游突发事件时，短期客流量主体上以非线性性为主；当遇到节假日时，节假日客流量季节性占主导地位；当遇到如 2008 年暴雪及汶川地震这样的旅游突发事件时，客流量原有的波动模式发生变化，随机性趋势明显。由此可以进一步看出，旅游短期客流量在不同时期客流量的主要特点各不相同。短期客流量在不同时间所表现出的主要特点为正确预测带来了极大难度，在目前情况下，单纯用一种模型难以实现对所有时期短期客流量的准确预测。因此，为了提高预测精度，根据客流量在不同时期的主要突出特点，将旅游短期客流量分成以下三类：平常日客流量、节假日客流量及突发事件时期的客流量，并以此为基础从不同的时间角度全方位地分析短期客流量的预测问题。

2.5 小　结

本章介绍了旅游短期客流量的特点，分析了旅游需求的影响因素和短期客流量的影响因素，主要从历史客流量、人体舒适度指数、节假日和突发事件等方面对短期客流量的影响进行具体分析。针对短期客流量的特点及影响因素，将短期客流量分成平常日客流量、节假日客流量及旅游突发事件时期的客流量。通过对短期客流量的分类，为短期客流量在不同时期选择不同方法正确预测提供依据。

第3章 平常日客流量预测方法研究

3.1 问题分析

由于平常日的客流量包含了旅游客流量发展变化的主要常态模式，因此从平常日客流量时间序列中归纳出具有良好预测能力的模型对旅游景区来说意义重大，同时也是目前智慧景区建设的必要内容。但是，一方面，平常日客流量时间序列主要呈现非线性性、波动性等特征，另一方面，由于国内旅游景区信息化建设的时间有限，只有记录如客流量、天气、电子商务等现实数据的小样本，这些给平常日客流量预测带来了很大的挑战。支持向量机（support vector machine，SVM）学习算法是建立在统计学习理论基础上的一种算法，它根据有限的样本信息在模型的复杂性（即对特定训练样本的学习精度）和学习能力（即无错误地识别任意样本的能力）之间寻求最佳折中，以求获得最好的推广能力。SVM在解决非线性及小样本问题时表现出许多特有的优势。该算法具有自学习自调整模型的特点，能对各种复杂非线性系统产生较好的预测效果。将其推广应用到函数拟合回归预测称为支持向量回归（support vector regression，SVR）。目前，SVR已成为研究者用于解决非线性时间序列预测的一种重要手段，并成功应用于许多预测领域。和其他学习算法一样，SVR的预测效果依赖于其自由参数的选择。因此，根据实际的数据模型选择合适的自由参数成为SVR的关键问题。

本章将遗传算法（genetic algorithm，GA）与SVR结合，利用GA优化SVR中的自由参数，通过平常日客流量影响因素，建立了一个与旅游景区客流量影响因素有定量关系的GA-SVR平常日客流量预测模型，并将该方法同 BPNN 方法做对比，以证明其有效性。

3.2 支持向量机理论

3.2.1 统计学习理论

基于数据的机器学习是现代智能技术中的重要方面，它从观测数据（样本）出发寻找规律，利用这些规律对未来数据或无法观测的数据进行预测。包括模式识别和神经网络等在内，现有机器学习方法共同的重要理论基础之一是统计学。经典统计理论是建立在大数定律基础上的一种渐进理论，它要求样本点的数目足够多，而且要求样本独立同分布，然后利用样本数据对分布中的参数进行估计，从而达到定量分析的目的。但是在实际应用中，经典统计理论存在一系列问题：首先，如果当样本点的数目有限时，往往会出现过拟合、预测准确性差等缺点。其次，经典统计理论以经验风险最小化（empirical risk minimization，ERM）为准则，容易造成局部最优，很难获得全局最优解。最后，对于高维数据，经典统计学习方法的计算量与维数呈指数级增长关系，容易造成"维数灾难"现象。这些问题使得经典统计理论的应用受到一定的限制。

统计学习理论（statistical learning theory，SLT）是一种研究小样本机器学习规律的学科，是小样本统计估计和预测学习的最佳理论。SLT 由 Vapnik 等人提出，从理论上较为系统地研究了经验风险最小化原则成立的条件、有限样本下经验风险与期望风险的关系及如何利用这些理论找到新的学习原则和方法等问题。

1. 机器学习问题

机器学习主要研究从采集样本出发得出目前尚不能通过原理分析得到的规律，并利用这些规律对未来数据或无法观测的数据进行预测。机器学习模型的具体表示如图 3.1 所示。该模型包括以下三个部分：

（1）产生器（G）。产生随机输入变量 x，它们是从固定但未知的概

率分布函数 $F(x)$ 中独立抽取的。

（2）训练器（S）。对每个输入变量 x，返回一个输出值 y，产生输出的根据是同样固定但未知的条件分布函数 $F(y|x)$。

（3）学习机器（learning machine，LM）。它能够实现一定的函数集 $f(x,\alpha)$，α 属于 A，其中 A 是参数集合。

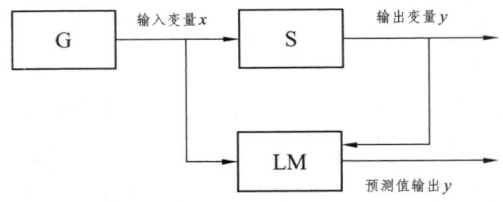

图 3.1 机器学习模型示意图

机器学习就是从给定的函数集 $f(x,\alpha)$（α 是参数）中，选择出能够最好地逼近训练器响应的函数。它可以一般地表示为输出变量 y 和输入变量 x 之间存在的未知依赖关系，即遵循某一未知的机器学习的目的可以形式化地表示为：n 个独立同分布的观测样本：

$$(x_1,y_1),(x_2,y_2),\cdots,(x_n,y_n) \quad (3.1)$$

在一组函数 $\{f(x,\alpha)\}$ 中求出一个最优函数 $f(x,\alpha_0)$，对训练器的响应进行估计，使期望风险 $R(\alpha)$ 最小：

$$R(\alpha)=\int L(y,f(x,\alpha))\mathrm{d}P(x,y) \quad (3.2)$$

其中 $P(x,y)$ 是未知的，$L(y,f(x,\alpha))$ 是用 $f(x,\alpha)$ 对 y 进行预测而造成的损失函数。对于不同类型的机器学习问题，有不同形式的损失函数。

机器学习主要包括回归估计（函数逼近）、模式识别和概率密度估计三类，其中在回归估计中，y 是连续变量，损失函数定义为：

$$L(y,f(x,\alpha))=(y-f(x,\alpha))^2 \quad (3.3)$$

回归估计问题的本质就是找到一个函数 $f(x,\alpha)$，使得 $R(\alpha)$ 最小化，如果 $\{f(x,\alpha)\}$ 中包含着回归函数：

$$f(x,\alpha)=\int y\mathrm{d}P(y|x) \quad (3.4)$$

则 $f(x,\alpha)$ 即为该问题的解。

2. 经验风险最小化原则

机器学习的目标在于使得经验风险最小化（empirical risk minimization，ERM），但是由于（3.2）中概率函数 $P(x,y)$ 未知，将导致无法直接计算出期望风险 $R(\alpha)$，因此，在经典统计理论中，用经验风险最小化原则进行估计。给定训练样本，采用样本的误差来定义经验风险：

$$R_{emp}(\alpha) = \frac{1}{n}\sum_{i=1}^{n}L(y_i, f(x_i,\alpha)) \qquad (3.5)$$

经验风险最小化原则属于经典的统计理论的范畴，根据大数定理可知：当训练样本数目趋于无穷大时，它是一个非常合适的选择，此时经验风险趋向于期望风险，即 $R_{emp}(\alpha)$ 收敛于 $R(\alpha)$，通过 $R(\alpha)$ 来替代 $R_{emp}(\alpha)$。但是在样本有限时，经验风险和期望风险的差别较大，采用经验风险最小化得到的结果不能保证其期望风险最小，即经验风险最小不表明期望风险最小。在复杂的学习机器中，其所研究的系统要和有限样本相匹配，这就造成了有限样本下学习机器的复杂性和推广能力之间的矛盾，因此，也就需要一种指导有限样本情况下建立有效的学习和推广的理论。

3. 统计学习理论的主要内容

统计学习理论的核心思想是通过控制学习机器的容量实现对推广能力的控制，主要内容包括：

• 基于经验风险原则的统计学习过程的一致性理论；
• 学习过程收敛速度的非渐进理论；
• 控制学习过程的推广能力的理论；
• 构造学习算法的理论。

为了衡量基于经验风险原则的统计学习过程的一致性和控制学习过程的推广能力，统计学习理论定义了一些指标来衡量函数集的性能，在这些函数集中最重要的就是 Vapnik 和 Chervonenkis 提出的 VC 维理论（vapnik-chervonenkis dimension）。

（1）VC 维理论。

VC 维理论的含义是对于一个指示函数集，如果存在 h 个样本，能够被函数集里的函数按照所有可能的 2^h 种形式分开，则称函数集能够把 h 个样本打散，函数集的 VC 维就是能够打散的最大样本数目。如果对任意的样本数，总有函数能打散它们，则函数集的 VC 维就是无穷大。一般而言，VC 维越大，学习能力就越强，学习机器也就越复杂。目前，还没有通用的关于计算任意函数集的 VC 维理论，只有对一些特殊函数集的 VC 维可以准确知道。比如，在 n 维实数空间中线性分类器和线性实函数的 VC 维是 $n+1$。

（2）推广性的界。

经验风险和期望风险之间的关系即推广性的界。在观测数据的先验概率和类条件概率都无法准确获得的情况下，推广性的界对于学习机器的性能有着至关重要的影响。

根据统计理论中关于函数集推广性界的理论，对于指示函数集中所有的函数，经验风险 $R_{emp}(\alpha)$ 和期望风险 $R(\alpha)$ 之间至少以概率 $1-\eta$ 满足如下关系：

$$R(\alpha) \leqslant R_{emp}(\alpha) + \sqrt{\frac{h(\ln(2n/h)+1) - \ln(\eta/4)}{n}} \qquad (3.6)$$

这里 n 是样本数，h 是函数集的 VC 维。

由上式可知，期望风险实际上由两部分构成：训练样本的经验风险（训练误差）和置信范围，即：

$$R(\alpha) \leqslant R_{emp}(\alpha) + \Phi(h/n) \qquad (3.7)$$

它表明，在有限训练样本下，h/n 越大（VC 维越高），置信范围就越大，此时经验风险与期望风险的差距可能就越大。因此，要使经验风险与期望风险接近，必须同时最小化 $R_{emp}(\alpha)$ 和 $\Phi(h/n)$。因此，为了找出最好的解满足该条件，必须对训练数据的逼近精度和最小化训练错误的学习机器的容量 VC 维之间进行折中，即通过控制两个相互矛盾的因素来最小化测试错误的思想，可以通过引入一种新的归纳原则来进行，这就是结构风险最小化原则（structural risk minimization，SRM）。要想使机器学习具有更好的推广能力，就需要在训练样本的数目和 VC 维之间保持一种均衡，结构风险最小化原则很好地解决了这一问题。

（3）结构风险最小化原则。

设函数 $Q(z,\alpha), \alpha \in \Lambda$ 的集合 S 具有一定的结构，这一结构由一系列嵌套的函数子集 $S_k = \{Q(z,\alpha), \alpha \in \Lambda_k\}$ 组成，这些集合满足

$$S_1 \subset S_2 \subset \cdots \subset S_n \tag{3.8}$$

每个子集 S_k 按照 VC 维大小排列，即 $h_1 \le h_2 \le h_3 \le \cdots \le h_n \le \cdots$，在每个函数子集 S_k 中寻找经验风险的最小值，经验风险和置信范围之和最小的子集即能取得期望风险的最小，这就是结构风险最小化的思想所在（见图 3.2）。

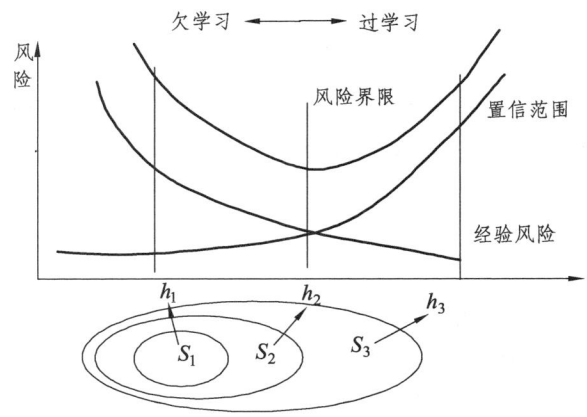

图 3.2 结构风险最小化

由上可知，可以通过两种方法来达到结构风险最小化：一是在每个子集 S_k 中求最小经验风险，然后选择使最小经验风险和置信范围之和最小的子集。显然这种方法比较费时，当子集数目很大甚至是无穷时是不可行的。此时需要第二种思路，即设计函数集的某种结构使每个子集中都能取得最小的经验风险（如使训练误差为 0），然后只需选择适当的子集使置信范围最小，则这个子集中使经验风险最小的函数就是最优函数，支持向量回归方法实际上就是这种思想的具体实现。

3.2.2 支持向量回归原理

支持向量机是统计学习理论里最实用的内容。它是从线性可分情况下的一种特殊类型的超平面即所谓的最优分类超平面转化而来，随后问题被转化为一个凸二次规划问题。

1. 最优分类超平面

给定训练数据集：

$$\{(x_1,y_1),(x_2,y_2),\cdots,(x_l,y_l)\} \quad (3.9)$$

其中 $x \in \mathbf{R}^n, y \in \{(-1,1)\}$，假设数据集中所有的数据都可以被以下平面正确划分：

$$(\boldsymbol{w} \cdot \boldsymbol{x}) + b = 0, \boldsymbol{w} \in \mathbf{R}^n, b \in \mathbf{R} \quad (3.10)$$

则该平面被称为最优分类超平面。而距离该最优超平面最近的异类向量就是所谓的支持向量（support vecter）。支持向量与超平面之间的距离最大（即边缘最大化）。一组支持向量可以唯一地确定一个超平面，它的几何意义如图 3.3 所示。

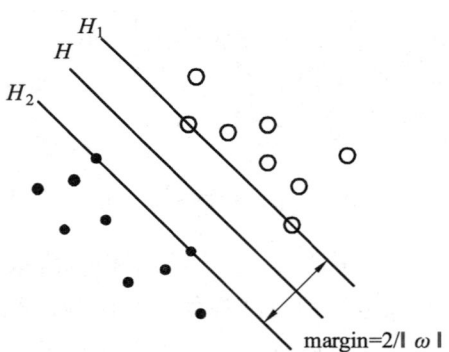

图 3.3 最优分类超平面几何意义

图 3.3 中所示的空心点和实心点分别代表两类样本，H 为分类线，H_1, H_2 分别为过各类样本中离 H 最近的且平行于 H 的直线，w 是 H_1, H_2 之间的距离，被称为分类间隔（margin），即 $2/\|w\|$。为了使间隔最大，必须最小化 $\|w\|^2/2$，因此，寻找最优分类超平面就转化为如下的二次规划

的求解问题：

$$\Phi(\boldsymbol{w}) = \frac{1}{2}\|\boldsymbol{w}\|^2 = \frac{1}{2}(\boldsymbol{w} \cdot \boldsymbol{w}) \quad (3.11)$$
$$\text{s.t.} \quad y_i((\boldsymbol{w} \cdot \boldsymbol{x}_i) + b) \geq 1, i = 1, \cdots, n$$

因此，满足（3.11）即为所求的最优分类超平面，H_1，H_2 上的点即为支持向量。为了求解出上述（3.11）所表述的二次规划问题，引入 Lagrange 函数：

$$L(\boldsymbol{w},b,a) = \frac{1}{2}(\boldsymbol{w},\boldsymbol{w}) - \sum_{i=1}^{l}a_i[y((\boldsymbol{w},\boldsymbol{x}_i)+b)-1] \quad (3.12)$$

这里 a_i 为 Lagrange 乘子且非负。要想使上式最小必须满足 Lagrange 定理条件，即：

$$\frac{\partial L(\boldsymbol{w},b,a)}{\partial \boldsymbol{w}} = \boldsymbol{w} - \sum_{i=1}^{l}y_i a_i \boldsymbol{x}_i = \boldsymbol{0}$$
$$\frac{\partial L(\boldsymbol{w},b,a)}{\partial b} = \sum_{i=1}^{l}y_i a_i = 0 \quad (3.13)$$

此时得出：

$$\boldsymbol{w} = \sum_{i=1}^{l}y_i a_i \boldsymbol{x}_i$$
$$\sum_{i=1}^{l}y_i a_i = 0 \quad (3.14)$$

根据对偶理论可以得出 Lagrange 对偶目标函数：

$$Q(a) = \sum_{i=1}^{l}a_i - \sum_{i,j=1}^{l}a_i a_j y_i y_j(\boldsymbol{x}_i,\boldsymbol{x}_j) \quad (3.15)$$

此时，约束条件为：

$$\begin{cases} \sum_{i=1}^{l}y_i a_i = 0 \\ a_i \geq 0, i = 1, 2, \cdots, l \end{cases} \quad (3.16)$$

这是一个不等式约束下二次函数寻优的问题，存在唯一解。通过证明知道，所得到的 a_i 只有部分（通常只有很少量）不为零，它所对应的样本就是支持向量。

作为建立在 SVM 基础上的函数回归算法，SVR 是一个非线性单元隐藏层的前馈网络，一种精巧和高度原则化的学习方法，它更好地实现了对时间序列的拟合及其预测。具体包含线性支持向量回归和非线性支持向量两种形式。

2. 线性支持向量回归

线性回归问题要求给定一个新的模式 $\boldsymbol{x}$，根据训练集 T 来判断出所对应的输出值 y。具体描述如下：

给定训练集：

$$T = \{(x_1, y_1), (x_2, y_2), \cdots, (x_l, y_l)\} \in (\mathbf{R}^n \times y)^l \quad (3.17)$$

其中 $\boldsymbol{x}_i \in \mathbf{R}^n, y_i \in y, i = 1, \cdots, l$。根据要求寻找 $\mathbf{R}^n$ 上的一个线性函数：

$$f(\boldsymbol{x}) = (\boldsymbol{w}, \boldsymbol{x}) + b \quad (3.18)$$

通过 $f(\boldsymbol{x})$ 来推断出输入值 $\boldsymbol{x}$ 对应的输出值 y。假定数据集里所有 $(\boldsymbol{x}_i, y_i)$ 均能在精度 ε 下无误差地用线性函数拟合，为了保证 $f(\boldsymbol{x})$ 最平坦，必须寻找一个最小的 $\boldsymbol{w}$，它与最小化 $\|\boldsymbol{w}\|^2/2$ 等价，因此该问题可表述为凸最优化问题，即：

$$\min \frac{1}{2}\|\boldsymbol{w}\|^2 \\ \text{s.t.} \begin{cases} y_i - \boldsymbol{w} \cdot \boldsymbol{x}_i - b \leq \varepsilon \\ \boldsymbol{w} \cdot \boldsymbol{x}_i + b - y_i \leq \varepsilon \end{cases} \quad (3.19)$$

由于允许拟合误差的出现，在此处引入非负的松弛变量 ξ_i 和 ξ_i^*，则上式变为：

$$\min \frac{1}{2}\|\boldsymbol{w}\|^2 + C \sum_{i=1}^{l}(\xi_i + \xi_i^*) \\ \text{s.t.} \begin{cases} y_i - \boldsymbol{w} \cdot \boldsymbol{x}_i - b \leq \varepsilon \\ \boldsymbol{w} \cdot \boldsymbol{x}_i + b - y_i \leq \varepsilon \\ \xi_i, \xi_i^* \geq 0, i = 1, \cdots, l \end{cases} \quad (3.20)$$

这里 C 为惩罚参数，其作用是在经验风险和模型复杂度之间取一折中，以控制对超出误差 ε 的样本的惩罚程度。此处 ε 为不敏感损失函数，它的引入，实现了对偏差的控制，使得估计具有鲁棒性。不敏感损失函数 ε 的具体定义如下：

$$\xi_i^{(*)} = \begin{cases} 0, |y - f(x)| \leq \varepsilon \\ |y - f(x)| - \varepsilon, |y - f(x)| > \varepsilon \end{cases} \quad (3.21)$$

通过 Lagrange 函数，引入 Lagrange 乘子 a, a^*，上述优化问题（3.20）转化为其对偶问题：

$$\max z = -\frac{1}{2}\sum_{i,j=1}^{l}(a_i^* - a_i)(a_j^* - a_j)(x_i, x_j) - \varepsilon \sum_{i=1}^{l}(a_i^* + a_i) + \sum_{i=1}^{l} y_i(a_i^* - a_i)$$

$$\text{s.t.} \begin{cases} \sum_{i=1}^{n}(a_i - a_i^*) = 0 \\ 0 \leq a_i \leq C \\ 0 \leq a_i^* \leq C \\ i = 1, 2, \cdots, n \end{cases} \quad (3.22)$$

其中，当 $a_i - a_i^*$ 非零时对应的训练样本为支持向量。求解此二次规划问题可求出 a 的值，同时求得 $\boldsymbol{w}$ 的值：

$$\boldsymbol{w} = \sum_{i=1}^{l}(a_i - a_i^*)\boldsymbol{x}_i \quad (3.23)$$

利用 KKT（Karush-Kuhn-Tucker）条件计算出偏差 b：

$$\begin{cases} b = y_j - \varepsilon - \sum_{i=1}^{l}(a_i - a_i^*)(\boldsymbol{x}_j, \boldsymbol{x}_i) \\ b = y_j + \varepsilon - \sum_{i=1}^{l}(a_i - a_i^*)(\boldsymbol{x}_j, \boldsymbol{x}_i) \\ a_i, a_i^* \in [0, C] \end{cases} \quad (3.24)$$

最后得到回归函数 $f(\boldsymbol{x})$ 的表达式：

$$f(\boldsymbol{x}) = \sum_{i=1}^{l}(a_i - a_i^*)(\boldsymbol{x}_i, \boldsymbol{x}) + b \quad (3.25)$$

3. 非线性支持向量回归

与线性回归不同，非线性回归是在给定数据训练集线性不可分的情况下，通过非线性变换 $x \to \Phi(x)$，将训练样本映射到高维空间，在高维空间通过核函数实现线性变换，具体过程如图 3.4 所示：

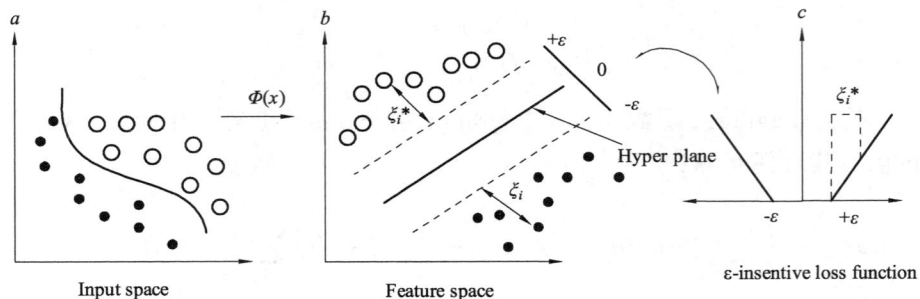

图 3.4　SVR 模型转换过程

此时最优化问题（3.20）变为：

$$\min \frac{1}{2}\|w\|^2 + C\sum_{i=1}^{l}(\xi_i + \xi_i^*)$$
$$\text{s.t.} \begin{cases} y_i - w \cdot \Phi(x_i) - b \leqslant \varepsilon \\ w \cdot \Phi(x_i) + b - y_i \leqslant \varepsilon \\ \xi_i, \xi_i^* \geqslant 0, i = 1,2,\cdots,l \end{cases} \quad (3.26)$$

与此相对应，其对偶问题变为：

$$\max z = -\frac{1}{2}\sum_{i,j=1}^{l}(a_i^* - a_i)(a_j^* - a_j)(\Phi(x_i),\Phi(x_j))$$
$$\text{s.t.} \begin{cases} -\varepsilon\sum_{i=1}^{l}(a_i^* + a_i) + \sum_{i=1}^{l}y_i(a_i^* - a_i) \\ \sum_{i=1}^{n}(a_i - a_i^*) = 0 \\ 0 \leqslant a_i \leqslant C \\ 0 \leqslant a_i^* \leqslant C \\ i = 1,2,\cdots,n \end{cases} \quad (3.27)$$

则 w 和 b 的值分别为

$$w = \sum_{i=1}^{l}(a_i - a_i^*)\Phi(x_i) \quad (3.28)$$

$$\begin{cases} b = y_j - \varepsilon - \sum_{i=1}^{l}(a_i - a_i^*)(\Phi(x_j), \Phi(x_i)) \\ b = y_j + \varepsilon - \sum_{i=1}^{l}(a_i - a_i^*)(\Phi(x_j), \Phi(x_i)) \\ a_i, a_i^* \in [0, C] \end{cases} \quad (3.29)$$

在非线性情况下，回归函数 $f(x)$ 的表达式为

$$f(x) = \sum_{i=1}^{l}(a_i - a_i^*)(\Phi(x_i), \Phi(x)) + b \quad (3.30)$$

4. 核函数

在非线性支持向量回归中，$K(x_i, x) = (\Phi(x_i), \Phi(x))$ 称为核函数。它实现了从 $\mathbf{R}^n$ 到 Hibert 空间的内积变换，它将高维空间的内积运算转化为 n 维低维输入空间的核函数计算，从而巧妙地解决了在高维特征空间中计算的"维数灾难"等问题，为在高维特征空间解决复杂的分类或回归问题奠定了理论基础。目前常用的核函数有以下几种：

（1）多项式核函数：

$$K(x, x_i) = ((x, x_i) + 1)^d \quad (d\ 为正整数) \quad (3.31)$$

（2）高斯径向基核函数（Gaussian radial basis functions，RBF）：

$$K(x, x_i) = \exp(-\|x - x_i\|^2 / \sigma^2) \quad (\sigma\ 为核的宽度) \quad (3.32)$$

（3）Sigmoind 核函数：

$$k(x, x_i) = \tanh((x, x_i) + c) \quad (3.33)$$

核函数往往要根据实际问题的特点选取。在机器学习理论中，高斯径向基核函数的逼近特性不仅能够实现输入空间到高维空间的非线性映射，适合处理非线性问题，而且易于执行，在 SVR 的核函数中应用最广

泛。在本研究中根据旅游客流量的特点，选取高斯径向基核函数作为支持向量回归的核函数。

3.3 自由参数最优化方法选择

3.3.1 自由参数影响程度分析

不敏感损失函数参数 ε、惩罚系数 C 和宽度系数 σ 对支持向量回归预测精度的影响起着至关重要的作用。如图 3.4 所示，不敏感损失函数参数 ε 控制着回归超平面中样本数据的不敏感区域的宽度，从而决定着支持向量的数目。随着 ε 值的增加，支持向量的个数会减少，可能导致模型过于简单，学习精度不够；若 ε 过小，回归精度会较高，可能导致模型过于复杂，得不到好的推广能力。作为位于 ε 管道外的样本数据的惩罚系数 C，它对模型的复杂性和稳定性产生作用，用来控制样本偏差与机器推广能力之间的折衷。当 C 很小时，对 ε 管道外的样本数据的惩罚较小，会导致训练误差增大，结构风险也变大；当 C 增大，训练的误差会随之减小，但由于置信范围较大，模型的泛化能力降低。C 值同时会对样本数据的离群点产生影响，因此 C 的选取对模型的抗干扰性、模型的稳定性和精确性具有重要作用。宽度 σ 表示在高位空间中，各个支持向量的相关程度。当 σ 较小时，支持向量间具有松散的联系，导致训练模型的复杂程度较高，泛化能力较差；σ 增大时，支持向量间的影响增强，当 σ 过大时，回归模型的精度就很难保证了。

3.3.2 自由参数最优化准则和方法选择

SVR 自由参数直接决定了所得的支持向量，从而决定了所得模型，因此自由参数是否恰当直接影响 SVR 模型的好坏。目前，参数优化的准则主要有交叉验证法（cross validation，CV）、留一法（leave-one-out，LOO）等。交叉验证法是将样本 N 分成 K 个子集，其中 K-1 个子集作为训练集，得到判决准则，并用得到的判决准则对剩余的子集进行验证，重复划分，直到所有的样本子集都作为验证集。和 CV 方法类似，LOO 同样将 K-1 个子集作为训练集，但最终只保留一个样本作为验证集。

近年来，智能优化算法由于在解决最优化问题方面的鲁棒性和通用性，常被用来对 SVR 模型的自由参数进行最优化选择。智能优化算法又称为现代启发式算法，是一种具有全局优化性能、通用性强、且适合于并行处理的算法，一般具有严密的理论依据，而不是单纯凭借专家经验，理论上可以在一定的时间内找到最优解或近似最优解。常见的智能进化算法有遗传算法（genetic algorithm，GA）、粒子群算法（particle swarm optimization，PSO）、模拟退火算法（simulated annealing，SA）等。智能优化算法的共同特点是从随机抽取的一组解开始，根据一定的搜寻机理，在问题的整个解空间中按照某一概率搜索最优解，因此无论从理论研究角度还是应用研究角度，智能优化算法都为复杂的参数优化选择问题提供了新的思路和有效的解决方法。作为其中的一种，GA 是一种不需求导、并行计算、全局优化的搜索算法，被广泛应用于许多行业。GA 被多次用来对 SVR 进行自由参数选优，分别成功地实现了旅游客流量预测、发动机系统可靠性的预测、地区电力负荷预测、房屋的价格预测。研究表明，GA 是一种有效的 SVR 自由参数选择方法。

3.3.3 遗传算法的基本原理

遗传算法（genetic algorithm）是模拟达尔文生物进化论的自然选择和遗传学机理的生物进化过程的计算模型，是一种通过模拟自然进化过程搜索最优解的方法，它是由美国 Michigan 大学 J. Holland 教授于 1975 年首先提出来的。GA 是利用某种编码技术作用于成为染色体的二进制数串，基本思想是模拟由这些串组成的群体演化过程。具体过程主要包括：首先，用染色体来表示问题的潜在解，形成初始种群；其次，根据目标函数确定适应度函数；再次，根据适应度函数值的大小，对选择的个体进行交叉和变异等遗传操作，保留适应值好的个体，淘汰适应值差的个体。通过这样的反复循环，求得问题的最优解。GA 最大的好处在于它能够用相对较少的条件去发现最优解或近似最优解，其基本流程如图 3.5 所示：

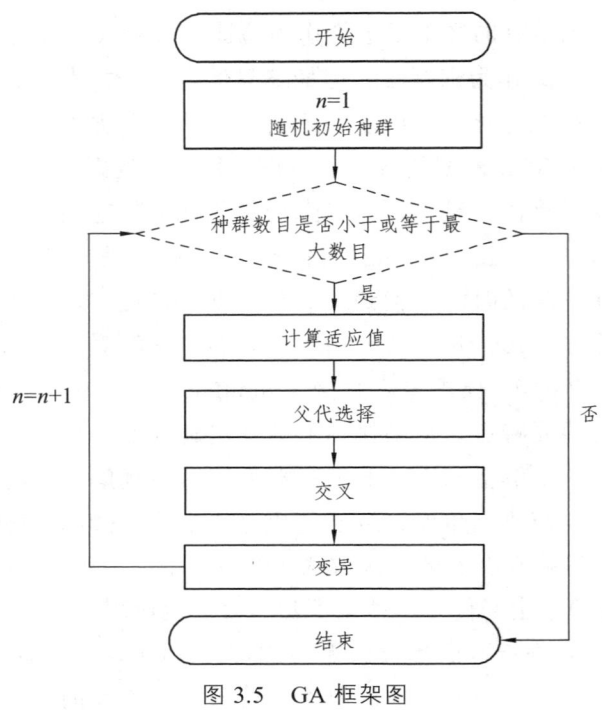

图 3.5 GA 框架图

GA 的基本步骤如下：

步骤 1 初始化。随机建立染色体的初始群。

步骤 2 适应值函数。评估每个染色体的适应值函数。

步骤 3 选择运算。选择一对父代染色体通过交叉配对产生新个体，遗传到下一代。

步骤 4 交叉和变异。通过交叉运算和变异运算，产生新一代群体。

步骤 5 终止准则。如果达到终止条件，则进化过程中得到的具有最大适应度的染色体作为最优解输出；否则，转向步骤 2。

3.4 平常日客流量预测方法研究

3.4.1 基于 GA 的 SVR 参数选择

在种群初始化阶段，将 SVR 自由参数组合 $\{\varepsilon, C, \sigma\}$ 用含有二进制基因代码的染色体表示,每个染色体有三个基因,分别代表 ε、C 和 σ,具体如图 3.6 所示。

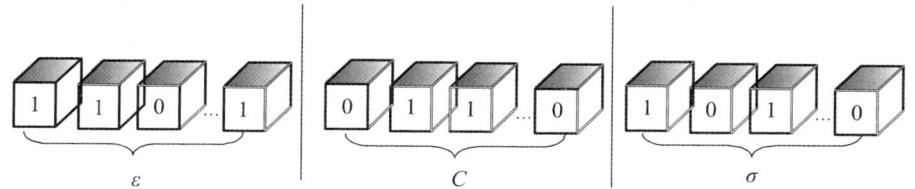

图 3.6 SVR 模型自由参数二进制编码的染色体

根据适应值函数,父代选择过程是从父代种群里选择两个染色体,其中适应值大的个体更容易在下一代中产生后代。在选取染色体时一般采用轮盘赌选取原则。在交叉阶段,染色体被随机配对,依照交叉概率 p_c 实行单点交叉,对两个不同个体的相同位置的基因进行交换,从而产生新的个体,如图 3.7 所示;在突变阶段,采用基本位突变运算,依照突变概率 p_m 将二进制编码中的"1"变为"0",反之亦然,进一步形成新个体。经过交叉和突变的共同作用,实现对解空间的全局和局部搜索,在进行多轮的运算后,最终将获得 SVR 自由参数的最优解,如图 3.8 所示(例如,图中灰色部分个体即为 C 和 σ 参数的最优解)。

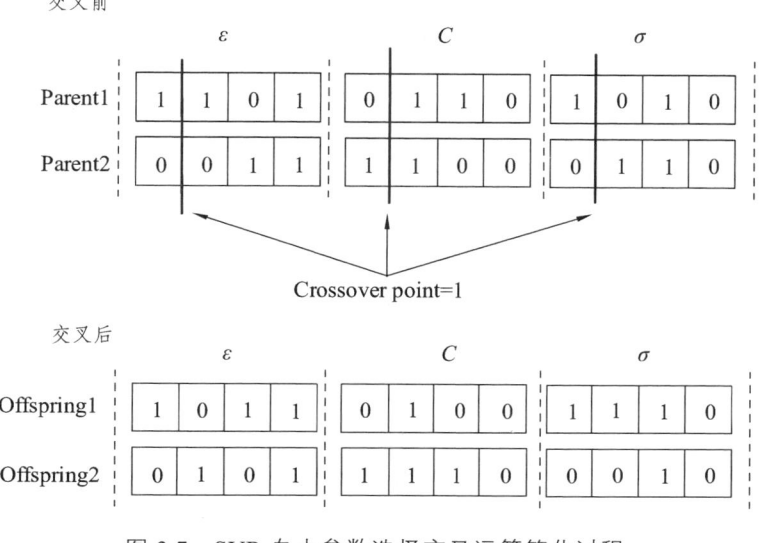

图 3.7 SVR 自由参数选择交叉运算简化过程

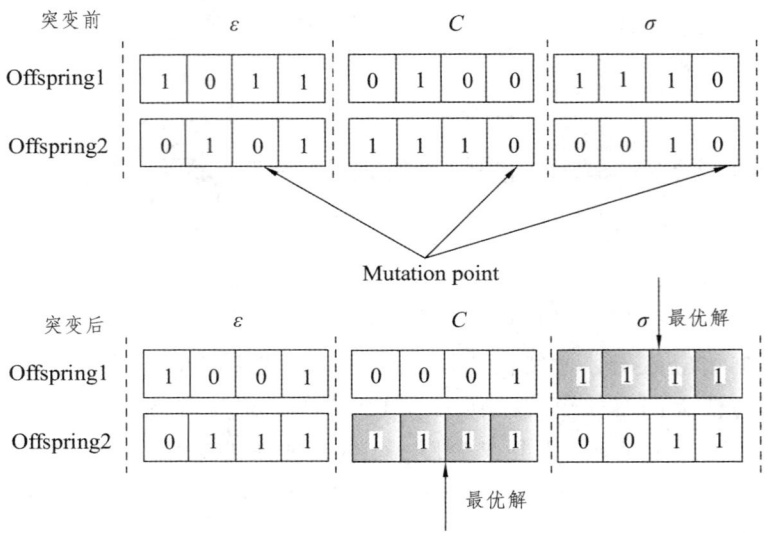

图 3.8 SVR 自由参数选择突变运算简化过程

（注：为了更好地说明 GA 的寻优能力，本章选择了一些较好的数值来说明问题，实际中可能经过多轮迭代才能求得参数的最优解）

GA 在对 SVR 参数选择的过程中，需要对运行参数进行设置。一般情况下，种群规模取值为 20~160，交叉概率 p_c 取值范围为 0.5~1.0，变异概率 p_m 取值范围为 0.005~0.1，终止代数的取值范围一般为 100~1000，在此范围内，GA 参数寻优效果较好。

3.4.2 GA-SVR 方法算法过程

GA-SVR 模型算法的具体过程如下：

步骤 1　输入数据。将所研究的训练数据分成训练集和测试集，分别输入模型，并通过 $(x_t - x_{\min})/(x_{\max} - x_{\min})$ 将训练数据归一化到[0, 1]。这里 $x_{\min}$，$x_{\max}$ 分别表示训练数据里每类数据的最小值和最大值。

步骤 2　种群初始化。采用实数编码的方法，随机初始化 SVR 模型的自由参数对 (ε, C, σ)，将其编码为染色体 X，即染色体 X 被定义为 X=(ε, C, σ)。

步骤 3 评估适应值。将初始化的参数对代入 SVR 模型,用训练集对其进行训练。为了避免训练集的适应值陷入过拟合状态,应选用 CV 方法。K 折 CV 提供了一个很好的平衡计算成本和准确的参数估计的准则方法。在 K 折 CV 里,训练集被随机地分为 K 个互相排斥的近似同样大小的子集,用 K-1 个子集作为训练集,用给定的参数集 (ε,C,σ) 来构建回归函数,通过最后一个子集的均方误差 MSE 来衡量参数集的性能。上述过程被重复 K 次,直到所有的样本都被验证了一次,取 K 次实验的均方误差(mean square error,MSE)平均值作为推广误差,最后确定最佳的参数集,其中 MSE 定义为:

$$MSE = \sqrt{\frac{1}{n}\sum_{i=1}^{n}(y_i - \hat{y}_i)^2} \qquad (3.34)$$

其中 y_i,$\hat{y}_i$ 分别为客流量预测的实际值、预测值,n 是测试样本的数目。这里选取训练集 MSE 为适应值函数,训练集里较低的 MSE 解具有更小的适应值,因而在接下来的迭代中更容易被保留下来。在本研究中取 $K=10$。

步骤 4 选择。在复制中用轮盘法来产生染色体,选择其中 M(M 为偶数)个个体,计算其适应值。根据适应值函数,高适应值函数的个体能以更大的概率生存,在下一代更容易产生后代。其中种群数目取 $M=20$。

步骤 5 交叉。在交叉中,染色体随机配对,每对新产生的染色体的概率被设为 $p_c=0.8$,通过单点交叉运算,产生新的后代,组成新的种群。

步骤 6 突变。在突变中,对在交叉过程中形成的新种群,进行基本位突变运算,产生新种群。新种群里的染色体服从突变的概率为 $p_m=0.01$。

步骤 7 最优策略。计算新种群中染色体的适应值,如果在新种群里产生的最小适应值比老种群产生的小,新种群的最小适应值的染色体将替换老染色体。

步骤 8 停止准则。选择、交叉和突变被执行 M/2 次。如果被执行的代数等于指定代数,算法停止,将得到最优参数对 (ε,C,σ),将其代入 SVR 模型训练,并用测试集进行验证、预测,否则转到步骤 2。这里进化代数 T 设置为 100。

具体的模型流程如图 3.9 所示:

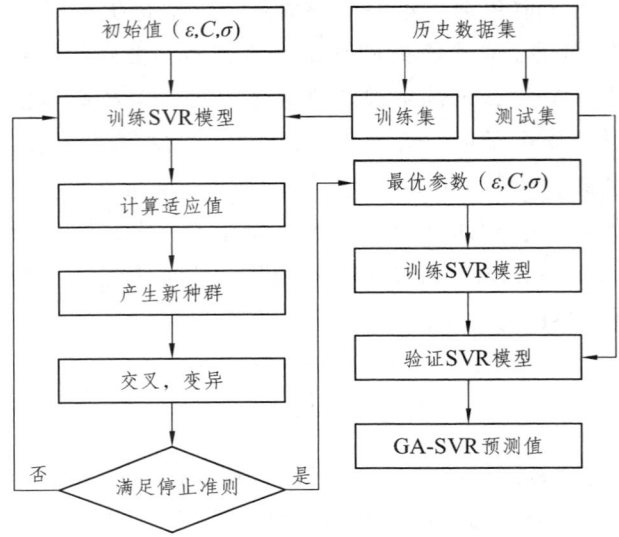

图 3.9 GA-SVR 模型流程图

3.5 实验过程和结果讨论

3.5.1 数据来源

黄山风景区作为全国数字化示范基地,安徽省旅游信息化工程研究中心,从 2008 年就开始对其进行客流量及相关数据的培育工作。为了使所选择的平常日数据更具有代表性,引入了分月比重指数概念,即每月客流量除以全年的客流量,通过分月指数来选取具有代表性的平常日数据。当分月比重指数值大于或等于 1/12(8.33%)时的月份为旺季,小于 1/12 的月份为淡季。运用分月比重指数这一相对数进行平常日数据的选择分析,可避免采用全年游客量数据波动较大而造成的预测误差。黄山风景区 2009—2011 年各月的分月比重指数如表 3.1 所示(其中的客流量已归一化处理):

表 3.1 2009—2011 年黄山风景区分月比重指数

月份	2009 人数	分月比重（%）	2010 人数	分月比重（%）	2011 人数	分月比重（%）
1	0.0932	2.99	0.0270	1.60	0.0793	2.26
2	0.0890	2.92	0.0988	2.70	0.2096	4.15
3	0.2188	5.20	0.2158	4.49	0.3595	6.32
4	0.6514	**12.81**	0.6454	**11.08**	0.7897	**12.54**
5	0.5845	**11.63**	0.6521	**11.18**	0.7168	**11.49**
6	0.3322	**7.19**	0.5345	**9.38**	0.3963	**6.85**
7	0.6106	**12.09**	0.6848	**11.69**	0.8379	**13.24**
8	0.7508	**14.55**	0.7678	**12.96**	0.7882	**12.52**
9	0.3529	**7.56**	0.5461	**9.56**	0.5443	**8.99**
10	0.7713	14.91	1.0000	16.52	0.8881	13.96
11	0.2463	5.68	0.3254	6.17	0.2874	5.27
12	0.0631	2.46	0.0972	2.67	0.0902	2.42

由表 3.1 可以看出，每年的 1~3 月、11~12 月为黄山风景区的淡季，客流稀少；一般情况下，每年的 4~10 月为其旺季（6 月份由于梅雨和即将到来的暑假等关系，人数相对较少，但是相对于 1~3 月、11~12 月来说，客流量总体较多，为研究方便，列入旺季），10 月会遇到一年客流量最多的波峰（这部分将在本研究第 4 章补充），研究时将这部分数据剔除。因此，选取 2009—2011 年的 4~9 月客流量及相关数据作为研究对象将更具有代表性。这部分数据主要包括：

（1）**每日八点前上山客流量**。

此部分客流量对景区当日的客流量影响最大，相关性最高。

（2）**历史同日客流量**。

旅游受季节影响较大，周期性较为明显，历史同日客流量和当日客流量几乎同周期变化，因此，历史同日客流量对当日客流量起到重要的参考作用。

（3）昨日客流量。

因黄山景区独特的日出景观，有大量游客会选择在山上过夜，这部分游客和当日的游客在一起会有一定的叠加作用，对当日客流量预测起到一定的作用（因与当日客流量相差一天，故图略）。

（4）每日的人体舒适度。

黄山景区每日的人体舒适程度值主要通过当日的气温、湿度和风向风速等数值转化而来。各部分数据情况如图 3.10、3.11 所示：

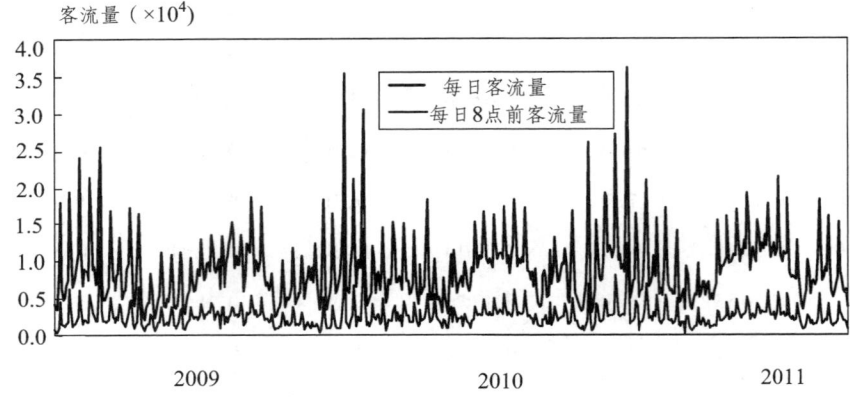

图 3.10 黄山风景区 2009—2011 每年 4 月到 9 月客流量

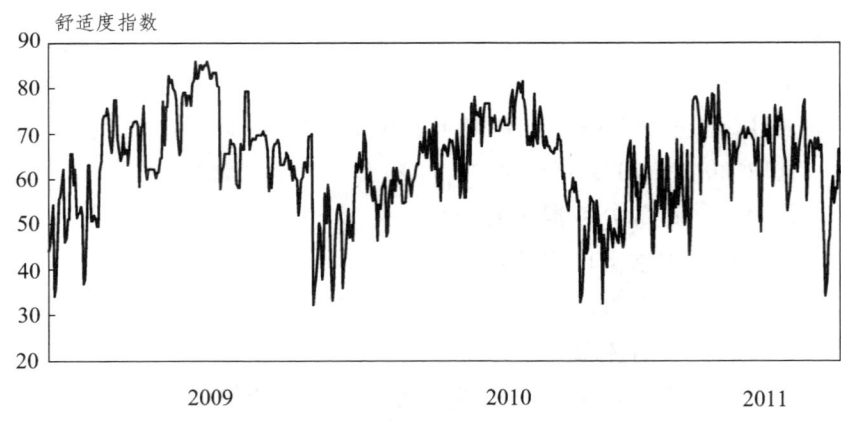

图 3.11 黄山风景区 2009—2011 每年 4 月到 9 月人体舒适度指数

图 3.10、3.11 显示，每日 8 点前上山客流量、历史客流量、昨日客流量和人体舒适度指数与每日客流量几乎同趋势波动，说明这四个因素对每日客流量产生决定性的影响，因此可将它们作为每日客流量的影响因素即 SVR 模型的输入。

3.5.2 GA-SVR 预测方法实验过程

根据方法需要，将影响因素分为训练集和测试集两部分，作为 SVR 输入，其中 2009—2010 年 4～9 月份数据为训练集，2011 年 4～9 月份数据为验证集，即每日客流量预测值为 SVR 方法输出。通过 Matlab7.0（2010b）实验平台，按照 GA-SVR 方法步骤，输入数据、归一化，定义 SVR 自由参数初始化种群的粒子：种群规模 M=20，进化终止代数=100，交叉概率 p_c=0.8，突变概率 p_m=0.01，CV 折数取值为 10。通过 GA 参数寻优，最终获得 SVR 模型的最优参数值，分别为：C=58.3083，ε=0.0387，σ=5.6031，CV_{mse}=0.0043%，b=-0.5153，支持向量个数为 57 个。用获得的最优参数值代入 SVR 方法，得到 2011 年 4～9 月份每日客流量预测值，此时的预测值误差最小、精度最高。

3.5.3 BPNN 预测方法比较

在时间序列预测中，BPNN 由于其简单的结构和解决非线性问题的能力被广泛应用。其基本结构为：输入层、隐含层和输出层，上、下层之间实行全连接，而每层神经元之间无连接，具体结果如图 3.12 所示：

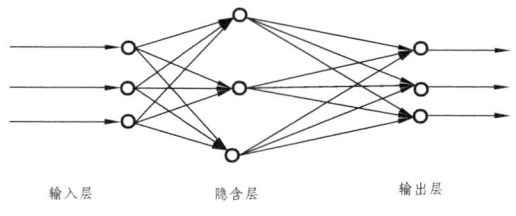

图 3.12 BPNN 结构图

神经网络方法是由大量的节点（或称神经元）及其之间的相互连接构成的，每个节点代表一种特定的输出函数，称为激励函数（activation function）。每两个节点间的连接都代表一个相对于通过该连接信号的加权值，称之为权重，这相当于人工神经网络的记忆。网络的输出则依网络的连接方式、权重值和激励函数的不同而不同，而网络自身通常都是对自然界某种算法或者函数的逼近，也可能是对一种逻辑策略的表达。

已经证明，对于任何闭区间内的一个连续函数都可以用单隐层的网络逼近，BPNN 的预测功能实际上是通过网络输入到网络输出的计算来完成的，因此隐含层的增多虽然使得 BPNN 训练速度加快，但既费时又费力，因此本研究采用只有一层隐含层的网络结构。

另外，隐含层的神经元数目的选择是一个十分复杂的问题，至今尚无一个理想的解析式来表示，它往往需要根据设计者的经验和多次反复试验来确定。因此根据以往经验选择公式 $n_1=\sqrt{n+m}+a$ 来确定隐含层神经元数的范围，其中 n_1 表示隐含层中的神经元个数，n、m 分别表示输入层和输出层的神经元个数，a 为 1~10 中的整数。此处，输入向量和输出向量同 SVR 模型：输入为 4 维，输出为 1 维，即 $n=4$，$m=1$，计算可得 n_1 所在的范围为 4~13。学习速率选择 0.01、0.05、0.08 和 0.1 来进行训练测试，最大训练次数设为 1000，训练目标误差 0.001，隐含层和输出层的传递函数均选择双曲正切 S 型传递函数，训练函数、学习函数分别为动量梯度下降算法和梯度下降动量学习函数。用于训练集的收敛准则采用 MSE，设定为小于或等于 0.001。把这些参数及变量设置好后，在 Matlab 平台上实现对 2011 年 4~8 月份数据的仿真。表 3.2 给出了在 Matlab 平台上显示的在不同的隐层节点和学习速率下训练集和测试集的 MSE 以及相关系数 R，结果表明：{4-10-1}结构在学习速率为 0.01 时可获得最好的预测结果，即输入节点数量为 4，隐含层节点数量为 10，输出节点数量为 1，此时验证集的均方误差最小为 $MSE=0.0078$，具体结果如表 3.2 所示。

表 3.2 BPNN 模型选择结果

隐含层节点	学习率	训练集 MSE	训练集 R	验证集 MSE	验证集 R	隐含层节点	学习率	训练集 MSE	训练集 R	验证集 MSE	验证集 R
4	0.01	0.0028	0.9256	0.0306	0.8533	9	0.01	0.0024	0.9677	0.0095	0.9121
	0.05	0.0028	0.9431	0.0297	0.8742		0.05	0.0025	0.9698	0.0097	0.9076
	0.08	0.0028	0.9503	0.0267	0.8901		0.08	0.0023	0.9686	0.0103	0.9044
	0.1	0.0029	0.9211	0.0381	0.8326		0.1	0.0024	0.9680	0.0108	0.9022
5	0.01	0.0028	0.9573	0.0232	0.8987	10	0.01	**0.0021**	**0.9774**	**0.0078**	**0.9362**
	0.05	0.0028	0.9565	0.0302	0.8959		0.05	0.0023	0.9693	0.0122	0.8849
	0.08	0.0029	0.9483	0.0297	0.8758		0.08	0.0022	0.9704	0.0109	0.8976
	0.1	0.0029	0.9322	0.0313	0.8349		0.1	0.0081	0.9595	0.0123	0.8279
6	0.01	0.0027	0.9523	0.0192	0.9039	11	0.01	0.0023	0.9695	0.0129	0.8765
	0.05	0.0027	0.9572	0.0183	0.9051		0.05	0.0022	0.9708	0.0092	0.9166
	0.08	0.0028	0.9470	0.0197	0.8951		0.08	0.0023	0.9685	0.0115	0.8923
	0.1	0.0027	0.9325	0.0207	0.8873		0.1	0.0022	0.9701	0.0100	0.9068
7	0.01	0.0025	0.9593	0.0178	0.8921	12	0.01	0.0030	0.9762	0.0121	0.9214
	0.05	0.0026	0.9643	0.0169	0.9071		0.05	0.0024	0.9743	0.0181	0.9113
	0.08	0.0026	0.9543	0.0187	0.8871		0.08	0.0025	0.9547	0.0272	0.9324
	0.1	0.0027	0.9465	0.0217	0.8607		0.1	0.0024	0.9442	0.0296	0.9302
8	0.01	0.0023	0.9687	0.0135	0.8735	13	0.01	0.0022	0.9556	0.0196	0.9259
	0.05	0.0024	0.9681	0.0095	0.9173		0.05	0.0024	0.9745	0.0096	0.9056
	0.08	0.0023	0.9588	0.0097	0.9112		0.08	0.0026	0.9643	0.0302	0.8987
	0.1	0.0025	0.9658	0.0096	0.9138		0.1	0.0027	0.9639	0.0304	0.9203

3.5.4 评价指标分析

各模型优劣的评价标准主要通过训练集和测试集的 MSE 和相关系数 R、平均绝对百分误差（mean absolute percentage error，MAPE）来考查。具体定义如下：

（1）相关系数 R：

$$R = \frac{\sum_{i=1}^{n} y_i \hat{y}_i}{\sqrt{\sum_{i=1}^{n} y_i^2} \sqrt{\sum_{i=1}^{n} \hat{y}_i^2}} \tag{3.35}$$

（2）平均绝对百分误差 $MAPE$：

$$MAPE = \frac{1}{n}\sum_{i=1}^{n}|(y_i - \hat{y}_i)/y_i| \times 100\% \tag{3.36}$$

在上述公式中，y_i 为实际值，$\hat{y}_i$ 为预测值，n 为测试样本的数量。$MAPE$ 和 MSE 反映了实际值和预测值之间的偏差，它们的值越低，表明实际值和预测值越接近；R 反映了实际值和预测值之间的相关程度，R 值越接近于 1，实际值和预测值相关程度越高，预测的准确性越高。

3.5.5 实验结果分析

将 GA-SVR 方法预测结果和 BPNN 方法预测结果进行对比，结果如图 3.13（a）、（b）所示。从图中可以直观看出，相对于 BPNN 预测值，GA-SVR 预测值更接近实际值。为了进一步比较两种方法的预测值与实际值的偏离程度，通过测试集和验证集的 MSE、相关系数 R 和平均绝对误差 $MAPE$ 来判断，具体结果如表 3.3 所示。

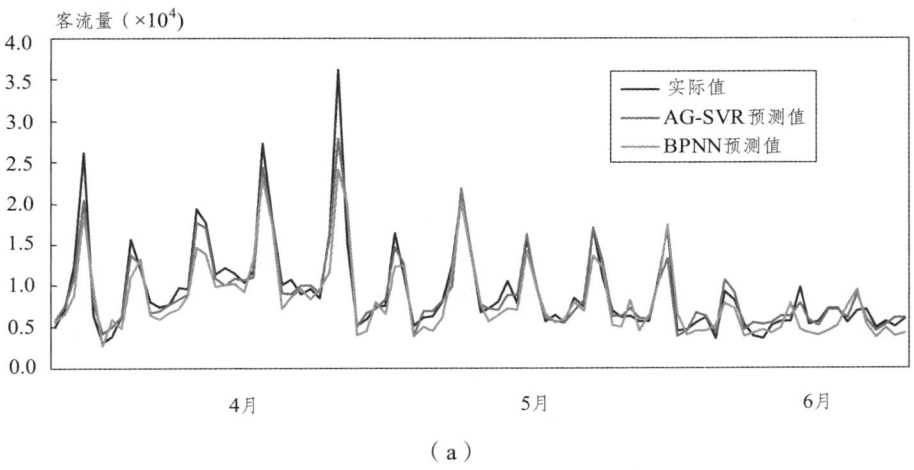

(a)

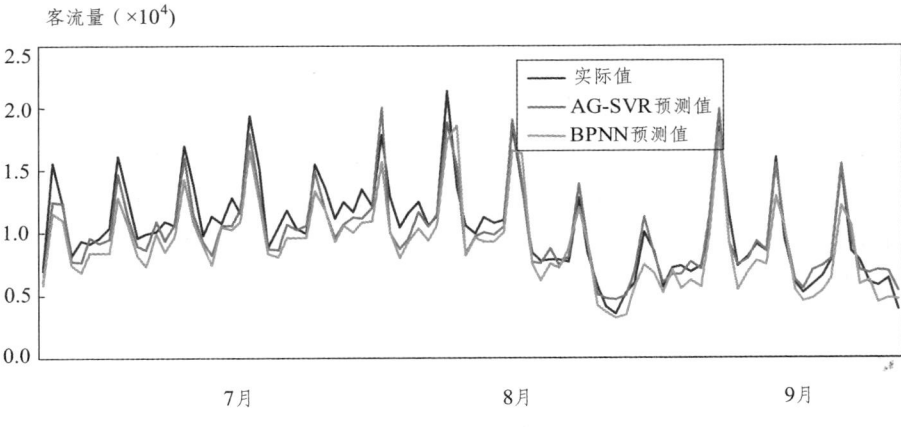

(b)

图 3.13　2011 年 4~9 月份预测值比较

表 3.3　不同预测方法评价指标值

	训练集		验证集		MAPE
	MSE	R	MSE	R	
GA-SVR	**0.0017**	**0.9879**	**0.0070**	**0.9527**	**0.1077**
BPNN	0.0021	0.9774	0.0078	0.9362	0.1818

（1）拟合能力与预测能力。

训练集和验证集的 MSE 和 R 值分别反映该方法的拟合能力和预测能力，MSE 值越小，R 值越接近 1，说明方法的拟合和预测能力越强，模型预测的准确性就越高。从表 3.3 可以看出，GA-SVR 方法的训练集和验证集上的 MSE 值分别为 0.0017 和 0.0070，低于 BPNN 方法的 0.0021 和 0.0078，说明无论是在训练集还是在验证集上，GA-SVR 的预测值均比 BPNN 的预测值更接近于实际值；在训练集和验证集的 R 值的比较中，GA-SVR 较 BPNN 更接近于 1，说明 GA-SVR 的预测值和实际值相关程度高，预测准确性高，因此，无论是拟合能力还是预测能力，GA-SVR 均优于 BPNN；同时 GA-SVR 的 $MAPE$ 为 10.77%，小于 BPNN 的 18.18%，进一步说明了 GA-SVR 的预测准确性高于 BPNN 模型。

（2）原因分析。

从上面的数据分析结果可以看出，GA-SVR 在预测平常日客流量时，预测准确性优于 BPNN 方法。其原因在于：首先，SVR 具有较强的处理非线性回归预测问题的能力，而平常日客流量所表现出的典型特征为非线性性，两者的特点相吻合。其次，由于我国的风景区实行信息化的时间较短，有记录的每日客流量的相关信息较少。以黄山风景区为例，作为全国首批数字化综合示范基地，安徽省旅游信息化工程研究中心，在 2008 年以前，对客流量及相关数据的培育主要以人工为主，且相关信息存在一定程度上的失真。黄山风景区信息化建设真正始于 2008 年，其电子门禁系统的启用实现了黄山风景区各类门票、索道票务的电子化，客流量相关数据才开始培育，因此客流量及相关数据样本小，符合 SVR 小样本预测的特征。最后，由于 GA 具有良好的参数寻优能力，能够较准确地在有效的时间内实现对 SVR 自由参数的最优化。而采用 BPNN 方法进行预测时，虽然其具有处理非线性问题的能力，但是由于 BPNN 在进行预测时需要大量数据训练，在遇到小样本预测问题时，预测能力往往下降，而且 BPNN 训练速度慢，容易陷入局部最优，因此以 GA-SVR 方法预测的准确性高于 BPNN 方法。

（3）其他说明。

从图 3.13（a）、（b）可以看出，在 2011 年 4~9 月份的预测中，有三个区间的预测值和实际值相差较远,误差较大。与这三个区间对应的日期分别为 2009 年清明节、国庆节和端午节,其中在三个节假日的第 2、3 天里,GA-SVR 和 BPNN 的预测值与实际值均相差较大,预测效果较差,远远大于它们整体预测值的平均绝对误差率:10.11%和 18.18%,如表 3.4 所示。其原因可能在于,三个节假日的客流量较平常日突然出现异常波动,短时间内客流量急剧上升,GA-SVR 方法尤其是 BPNN 方法在处理这种突然急剧波动的节假日数据时仍存在一定的局限性,只有加入一种新的方法或技术对原有方法进行改进,对节假日客流量进行单独预测,才能实现良好的预测效果。

表 3.4 GA-SVR 和 BPNN 节假日预测比较

		实际值	GA-SVR	BPNN	MAPE(GA)	MAPE(BPNN)
清明节	第 1 天	12476	10777	8695	13.62%	30.31%
	第 2 天	26076	20364	18817	21.90%	27.84%
	第 3 天	6295	8001	9573	27.10%	52.07%
劳动节	第 1 天	16469	15883	11676	3.56%	29.10%
	第 2 天	36223	27817	24109	23.21%	33.44%
	第 3 天	15220	19207	19979	26.19%	31.27%
端午节	第 1 天	10970	10597	10344	3.40%	5.71%
	第 2 天	14045	16167	17393	15.11%	23.84%
	第 3 天	4415	3752	6489	15.03%	46.98%

3.6 小　结

在本章中,SVR 是旅游短期客流量预测的核心方法,为后面章节提供了重要的理论支撑。本章运用 SVR 方法的回归预测能力实现了对平常日短期客流量的预测。首先,对 SVM 和 SVR 的基本原理进行了详细阐述；然后，针对 SVR 自由参数优化问题，提出了基于 GA 的参数选优方法，并用来自黄山风景区的有代表性的平常日客流量数据、人体舒适度指数等对模型进行了验证，与 BPNN 方法进行了比较。研究结果表明，GA-SVR 由于结合了 GA 和 SVR 的优势，成功实现了对非线性、小样本的平常日短期客流量的预测，无论是拟合能力还是预测能力，GA-SVR 模型均比 BPNN 方法表现出极大的优越性。

第 4 章 节假日客流量预测方法研究

4.1 问题分析

虽然第 3 章中 GA-SVR 预测方法在平常日客流量的预测中取得了较好的效果，但是在节假日客流量的预测中，该模型表现出一定的局限性，预测效果不稳定，误差较大，而节假日客流量预测往往是旅游风景区的重点关注所在。由于节假日分布于一年中不同的时期，气候各异，自然的季节性和休假制度的季节性相互叠加，使得节假日客流量除了具有本身固有的非线性性特点以外，更集中地表现为明显的季节性特征。这种旅游季节性是旅游客流量中最容易理解却最难以解决的问题，它对客流量预测的准确性造成很大的影响。因此，如何认识并处理旅游季节性成为节假日旅游客流量预测的一大难题。

4.2 旅游季节性分析

4.2.1 季节性和旅游季节性的内涵

季节性不仅存在于旅游行业，就是在工业和农业部门也得到广泛的体现。最早关于季节性的描述是 Kuznets，他提出：季节性重复的变化活动归因于气候的影响以及传统的季节。BarOn 认为，季节性是每年都发生的活动，或多或少地具有相同的时间和程度。Hylleberg 不仅解释了季节这种现象，而且还概括了季节性的主要成因：季节性是系统的，并且总是有一定规律的，它是由天气、日历、生产和消费决策以及决策时机等直接或间接原因导致的年度内的波动，这些决策受到诸如资源禀赋、期望、关键因素以及经济中适用的生产技术等因子的影响。这是目前被普遍认可的关于季节性的定义。

关于旅游季节性，目前没有公认的定义。Butler 将其解释为"旅游时间的不平衡现象，并通过不同的维度元素如游客的数量、游客的支出、高速公路交通和其他形式的交通、就业和景点等表现出来"。Witt 认为，季节性最重要的特点是它涉及在一年这样相对较短的时期内旅游客流量的聚集度。Lim 和 McAleer 将旅游季节定义为 "月相应的平均指数超过 1.0，这意味着季节性因素增加游客数量，超过趋势和周期性因素"。Jang 将旅游季节性定义为每年重复发生的周期性模式，它通常是指需求中出现的短暂的不平衡，并通过旅游者数量、旅游者支出及住宿天数表现出来。

我国学者对旅游季节性也给出了相应的定义。孙文昌指出，旅游资源的季节性是由其所在地的纬度、地势和气候等因素所决定的。马勇称旅游的季节变动性是指旅游者外出旅游时间的选择和旅游接待地企业经营业务上所体现的明显的淡、旺季差异性。陆林、苏勤等人均认为，旅游季节性是指游客流向、流量集中于一年中相对较短时段的趋势，它反映了现代旅游在时间上分布的不平衡，导致旅游企业的市场经营具有明显的淡旺季。李天元提出，在旅游业经营中，人们把一年中旅游者来访人数（或某地人口中外出旅游人数）明显较多的时期称为旺季，明显较少的时期称为淡季，其余时期称为平季。傅云新称旅游资源由于受自然力和社会因素的作用，往往在时间上呈现出一定的变化性，在经营单位时间内，旅游接待人数出现以年、月或周为单位的周期性变化。以上观点说明，旅游季节性的变化会对客流量造成有规律的波动。

4.2.2 旅游季节性形成原因

旅游季节性形成的原因很多。Baron 认为，自然季节性、制度季节性、日历效应、社会和经济原因是产生旅游季节性的主要原因。Hartmann 认为，造成旅游季节性的原因主要为自然季节性、制度季节性。Hylleberg 根据本国国情将旅游季节性原因分成三种：天气因素，主要指气温、湿度、光照时间、降雨或降雪等，这种因素具有不可预知性；日历效应，即一些宗教节日如圣诞节、复活节等，这种因素在较长的时期内具有稳定性；时机决策，如学校的假期、行业假期、纳税年度、会计时期、股息和红利日期等，这种因素具有变化性但可以被预知。Butler 将原因归结于自然季节性、制度季节性、社会压力和时尚、运动季节、惯性和传统等，其中公共节假日是制度季节性最普遍的形式之一，并且这种公共节假日休息的时间越长，对旅游季节性的影响就越大，而且类似于复活节这样的假日时间不固定，在不同的月份里对旅游季节性产生不同的影响；同时，长长的暑假由于适宜的气候对旅游季节性的形成也有着至关重要的影响，在某些情况下，甚至超过公共节假日。Frechtling、Baum 认为，气候、天气、社会习俗、假期、商业习惯、日历效应都会引起旅游的季节性，例如，日历效应，包括一个月内天数的变化，如二月一般只有 28 天，每年、每季节或每月周的数量不同等，因此从这个角度来说，用日数据或者周数据来评价季节性比用月数据更为合理。

国内学者对旅游季节性的成因也展开了一系列的研究。陆林等以黄山风景区为研究背景，认为旅游季节性产生的原因主要是受自然因素（自然季节性因素和自然偶发因素）和社会因素（社会季节性因素和社会偶发因素）的影响，其中社会因素主要是由国内顾客所产生的，而自然因素则是国内游客和国外游客共同产生的结果；自然季节性因素是造成以自然吸引物或自然-文化吸引物为特征的旅游地客流季节变化的主导因素，它决定了游客的季节分布，而社会季节性因素影响了旅游需求的季节性，是在自然季节性因素形成的旅游季节变化的基础上产生的叠加作用。李亚通过对云南旅游季节性原因的分析，发现相对于自然季节性因素，社会季节性因素更占主导地位。

综上所述，国内外学者对旅游季节性的形成研究有很多相同的地方，其中最主要的因素为自然季节性和制度季节性。其中，自然季节性是一整年内气候、白天和光照的时长、温度的最高最低值、降雨和降雪等因素变化的结果。一般情况下，由自然季节性对旅游造成的影响难以克服，尤其是一些户外旅游活动如海滨度假、山岳风景区旅游、乡村旅游等，受自然季节性的影响很大。制度季节性之所以存在主要是由于法定节假日及一些特殊时期的活动，其中法定节假日是制度季节性的最一般性表现。例如，美国的复活节，中国传统节假日如春节、中秋节等。由于这些法定节假日的时间在每年内并不是一成不变的，因此在不同年份的某个固定月份会产生不同的影响；同样地，在一段时间内重复出现的某些事件（比如节庆活动），在特定的旅游目的地也会对特定年份的季节性产生影响。对于旅游地来说，旅游流季节性的形成往往是这两种因素共同作用的结果，不过两种因素的重要性会因为目的地各种外在及内部条件的不同而有所差异。正是由于这两种因素的叠加，才形成了我国节假日旅游季节性的独特性。

4.3 旅游季节性处理方法

4.3.1 旅游季节性测量方法

1. 季节性比率和季节性指标

季节性比率是高峰月客流量除以每月平均客流量。它的值在 1 和 12 之间波动，当每月的客流量都相等时，值为 1；如果一年的客流量均集中在 1 个月，此时值为 12。它反映了季节波动的程度，即季节波动越大，季节性比率越大。季节性指标是反映旅游期间酒店宾馆入住率的一个指标，与季节性比率相反，它是月平均客流量与高峰月客流量的比值。比值越高，说明入住率越高。从理论上说，季节性指标的值在 1/12 和 1 之间，当每月客流量为常数时，值为 1，客流量集中在一个月时，值为 1/12。季节性比率和季节性指标从不同角度反映了季节波动的强度，但是它们受高峰月客流量的影响，而且关注的仅是 1 年的数据，对旅游客流量预测仅起参考作用。

2. 基尼系数

基尼系数是经济学概念，反映的是收入和分配均衡程度的指标。在旅游行业，基尼系数被用来衡量月客流量在年内的分布均等情况的比值。它的值在 0 和 1 之间变动，当系数为 0 时，表明月客流量分布完全均等；系数越接近 1，月客流量分布越不均等，当系数为 1 时，意味着每月客流量绝对不平均。基尼系数是一个反映客流量分布是否均等的有用工具，它和季节性比率、季节性指标类似反映客流量外在分布的波动情况，对客流量预测仅起参考作用。实际上，客流量还呈现出趋势（T）、季节性（S）、周期性（C）和不规则性（I）等复杂特征，而基尼系数并不能反映客流量的这些特征，因此，客流量的分解应该从其影响因素：趋势（T）、季节性（S）、周期性（C）和不规则（I）的波动着手。这种分解可以通过统计学的一些方法来实现。

4.3.2 季节调整方法

季节调整是基于统计学的一种简化时间序列数据的方法，通过该方法能够更加容易地使用统计学方法来对季节时间序列的季节性进行处理，同时使得原数据中的一些重要信息不被丢失。传统上关于季节时间序列建模的原理就是使用相应的季节性调整方法来消除季节性的影响，然后利用估计的季节成分对模型进行相应的缩减以达到预测的目的。

1. SARIMA、X-11-ARIMA 及 X-12-ARIMA 方法

作为季节性调整方法的其中一种，季节自回归移动平均模型（seasonal autoregressive integrated moving average，SARIMA）是目前最常用的线性季节时间序列预测方法，常通过差分的方法来消除季节性的影响。但 Pierce 和 Nelson 等人认为，差分只对消除线性趋势的季节性有效，而对非线性趋势明显的季节性，SARIMA 的预测精度远远低于 SVR 和 ANN 等方法。X-11-ARIMA 和 X-12-ARIMA 方法也被用来对季节时间序列进行季节调整及预测，但是该类方法只适用于季度数据和月度数据的季节性调整，而对日数据的季节性没办法去除。另外，SARIMA、

X-11-ARIMA 和 X-12-ARIMA 等方法的共同缺陷是缺乏一个明确的关于原时间序列的分解模型，必须要事先设定好模型形式，因而无法知道数据的真正形成过程，不能正确把握其性质。

2. 季节虚拟变量方法

处理季节性的另一种方法为季节虚拟变量方法（seasonal dummies）。尽管季节虚拟变量对因变量产生一定的影响，但是该参数仅仅在假设季节性是确定性变量的情况下才是准确的，而在实际情况下，有时在一些宏观经济时间序列中，这种假设是不正确的。Abeysinghe 认为，使用季节虚拟变量来消除季节性影响可能会造成伪回归现象。

3. 季节指数调整方法（seasonal exponential adjustment，SEA）

Box、Makridakis 和 Gardner 等人通过研究发现，对原始数据直接进行季节性处理（data deseasonalization）是一种有效的季节时间序列建模方法，其中 Makridakis 和 Gardner 利用消除季节性影响的数据进行预测，预测的准确性大大提高。季节指数调整方法（seasonal exponential adjustment，SEA）是一种被用来对原始数据直接进行季节处理的方法，它通过季节指数来修正原始数据及预测结果，使其更符合实际数据变化的客观规律。通过 SEA，原始季节性数据的季节性得到调整及消除。有文献显示：当 SEA 方法和其他预测方法进行组合预测时，均取得较未使用 SEA 时的良好预测效果。

4. 季节因子方法（the seasonality index）

与年度数据不同，由旅游季节性构成的旅游时间序列往往会在正常年度中表现出有规律的周期性变化，这种变化被称为季节变动，它的存在对预测的准确性会造成一定的影响。季节因子方法就是对时间序列中隐含的由于旅游季节性因素造成的季节变动影响加以纠正的过程。季节因子方法（seasonal index，SI）是一种事后修正预测值的方法，通过拟合值对推广预测值进行因子调整，可以消除季节性对预测精度的影响，使预测值更符合事物发展的客观规律。

4.4 节假日客流量预测方法研究

基于季节 SVR 的节假日客流量预测方法包括：经过季节指数调整的 AGA-SVR 方法，即 SEA-AGA-SVR 方法；经过季节因子调整的 AGA-SVR 方法，即 AGA-SSVR 方法。两者的区别在于，前者在预测之前对原始数据进行季节指数调整，后者在预测之后对预测值进行季节因子调整。

4.4.1 基于 AGA 的 SVR 参数选择

虽然 GA 具有快速随机的搜索能力、潜在的并行性等优点，但对于复杂的非线性系统，GA 仍存在一定的局限性，如无法保证收敛到全局最优、群体中最好的染色体易丢失、进化过程的过早收敛等。节假日客流量是一个相对于平常日客流量更加复杂的系统，除了具有非线性性特点外，季节性特征明显，数据波动量较大，为了规避 GA 的局限可能带来的对预测准确性的影响，本章提出一种自适应遗传算法（adaptive genetic algorithm，AGA），通过 AGA 对 SVR 参数进行寻优。

AGA 的基本思想是交叉概率 p_c 和变异概率 p_m 随种群适应值自动改变，即当每个个体的适应值趋于一致或者趋于局部最优时，使 p_c 和 p_m 值增加，跳出局部最优；而当群体适应值比较分散时，减少 p_c 和 p_m 值，以利于优良个体的产生；同时，对于适应值高于群体平均适应值的个体，选择较小的 p_c 和 p_m 值，以使该优良解得以保护；而对适应值低于平均适应值的个体，选择较大的 p_c 和 p_m 值，以增加新个体产生的速度。由于自适应地调整 p_c 和 p_m 值，使得算法能够适应于种群进化的各个阶段的特征，优化效率得到了提高，解的质量也得到了稳定。具体过程如下：

$$\begin{cases} p_c = \begin{cases} p_{c1}-(p_{c1}-p_{c2})(f'-f_{\text{avg}})/(f_{\max}-f_{\text{avg}}), & f'>f_{\text{avg}} \\ p_{c1}, & f'\leqslant f_{\text{avg}} \end{cases} \\ p_m = \begin{cases} p_{m1}-(p_{m1}-p_{m2})(f-f_{\text{avg}})/(f_{\max}-f_{\text{avg}}), & f>f_{\text{avg}} \\ p_{m1}, & f\leqslant f_{\text{avg}} \end{cases} \end{cases} \quad (4.1)$$

上式中，f_{max} 表示每代群体中个体的最大适应值，f_{avg} 是每代群体的平均适应值，f' 是被选择交叉的两个个体中较大的适应值；f 是被选择变异个体的适应值，p_{c2}、p_{m2} 分别为群体中最大适应值个体的交叉概率和变异概率，均不为零。由式（4.1）可知，当 $f' = f_{max}$ 时，$p_c = p_{c2}$；当 $f = f_{max}$ 时，$p_m = p_{m2}$。同普通 GA 相比，群体中的较优个体拥有更高的交叉概率与变异概率。

该算法为了保证每一代的优良个体不被破坏，采用了精英保留策略，将其直接复制到下一代中。精英保留策略保证了当前的最优个体不会被交叉、变异等遗传操作破坏。

4.4.2 季节 AGA-SVR 方法算法过程

1. AGA-SVR 方法建模过程

AGA-SVR 方法算法的具体过程如下：

Step 1 输入数据。将所研究的训练数据分成训练集和测试集，分别输入模型，并通过 $(x_t - x_{min})/(x_{max} - x_{min})$ 将训练数据归一化到[0, 1]，这里 x_{min}、x_{max} 分别表示训练数据里每类数据的最小值和最大值。

Step 2 种群初始化。采用实数编码的方法，随机初始化 SVR 模型自由参数对 (C,ε,σ)，将其编码为染色体 X，即染色体 X 被定义为 X={C,ε,σ}。

Step 3 评估适应值。将初始化的参数对代入 SVR，用训练集对其进行训练。为了避免陷入过拟合状态，用 CV 作为参数优化准则。根据公式（3.34）计算每个参数对的适应值 f，以适应值大小来衡量选取参数的优劣。选用训练集样本的 MSE 为适应值函数。

Step 4 选择。按照轮盘赌规则等选择方法选择 N（N 为偶数）个个体，计算群体的平均适应值 f_{avg} 和最大适应值 f_{max}。

Step 5 交叉。将群体个体随机配对，共计 N/2 对。根据公式（4.1）计算自适应交叉概率 p_c，以 p_c 为交叉概率进行交叉操作，随机产生 $R(0,1)$，若 $R < p_c$，则对 SVR 自由参数对进行交叉操作。

Step 6 突变。将群体所有 N 个个体根据公式（4.1）计算自适应交叉概率 p_m，以 p_m 为突变概率进行突变操作。同理，随机产生 $R(0,1)$，若 $R < p_m$，

则对 SVR 自由参数对进行突变操作。

Step 7 最优策略。如果在新种群里产生的最小适应值比老种群产生的小，新种群的最小适应值将替换老的染色体。

Step 8 停止准则。如果被执行的代数等于指定代数（这里进化代数设置为 100），算法停止，得到最优参数对 (C, ε, σ)，代入 SVR 模型进行预测；否则转步骤 3。

具体的方法流程图如图 4.1 所示：

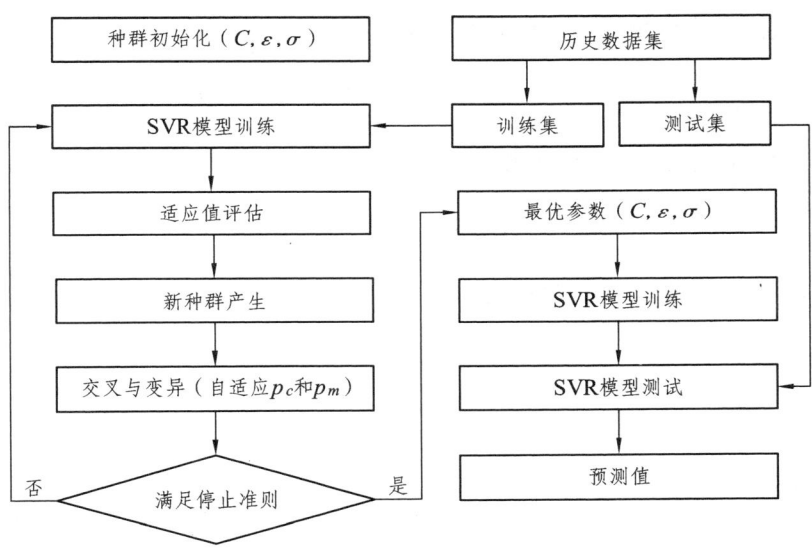

图 4.1 AGA-SVR 方法流程图

2. 季节指数调整方法（seasonal exponential adjustment）

季节指数调整的具体过程如下：

步骤 1 假设在时间 t 的客流量可表示为季节成分与趋势成分的乘积，即

$$x_t = f(t) \times I_s \quad (4.2)$$

则季节指数为

$$I_s = x_t / f(t) \tag{4.3}$$

步骤 2 重新排列数据集。

由于在预测之前，$f(t)$ 未知，因此这里用每一个周期的均值 $\overline{f(t)}$ 作为其近似值，重新对数据集 $x_1, x_2, \cdots, x_T$ 进行排列，排列为

$$x_{11}, x_{12}, \cdots, x_{1l}, \cdots, x_{k1}, x_{k2}, \cdots, x_{kl}, \cdots, x_{m1}, x_{m2}, \cdots, x_{ml} \tag{4.4}$$

这里 $k = 1, 2, \cdots, m; s = 1, 2, \cdots, l$，$T = m \times l$，$m$ 为周期数，l 为周期内数据数目。

步骤 3 计算每个周期的均值，即

$$\overline{x}_k = (x_{k1} + x_{k2} + \cdots + x_{kl}) / l, \quad k = 1, 2, \cdots, m \tag{4.5}$$

步骤 4 将数据 x_{ks} 标准化得

$$I_{ks} = x_{ks} / \overline{x}_k, \quad k = 1, 2, \cdots, m; s = 1, 2, \cdots, l \tag{4.6}$$

步骤 5 计算出季节指数 I_j，即

$$I_j = (I_{1j} + I_{2j} + \cdots + I_{mj}) / m, \quad j = 1, 2, \cdots, l \tag{4.7}$$

因为

$$\sum_{j=1}^{l} I_j = \frac{1}{m} \sum_{k=1}^{m} \sum_{s=1}^{l} I_{ks} = \frac{1}{m} \sum_{k=1}^{m} \left(\sum_{s=1}^{l} x_{ks} / \overline{x}_k \right) = \frac{1}{m} \sum_{k=1}^{m} l = l \tag{4.8}$$

所以季节指数 I_j 遵循标准化的定义。

步骤 6 利用季节指数 I_j，消除季节影响因素的新数据为

$$x'_{ks} = x_{ks} / I_s, \quad k = 1, 2, \cdots, m; s = 1, 2, \cdots, l \tag{4.9}$$

再重新排列数据集

$$x'_{11}, x'_{12}, \cdots, x'_{1l}, \cdots, x'_{k1}, x'_{k2}, \cdots, x'_{kl}, \cdots, x'_{m1}, x'_{m2}, \cdots, x'_{ml} \tag{4.10}$$

得到了消除季节因子的新数据集。具体流程如图 4.2 所示。

第 4 章 节假日客流量预测方法研究

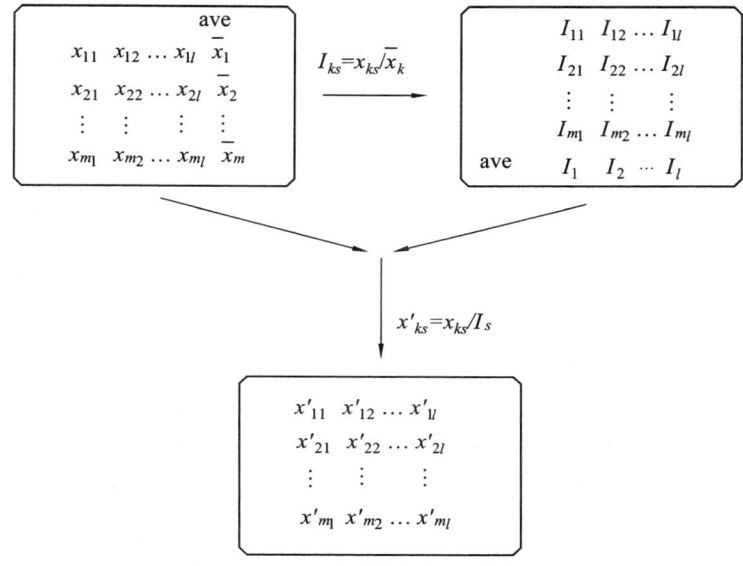

图 4.2 季节调整方法流程图

3. 季节因子方法（seasonality index）

季节因子方法的具体计算过程如下：

步骤 1 计算每个高峰点的季节指数

$$p_t = \frac{y_t}{f_t} \qquad (4.11)$$

其中，$t = j, l+j, 2l+j, \cdots, (m-1)l+j$ 是每期的相同高峰点，y_t 为实际值，f_t 为预测值，则每个高峰期的季节调整指数为

$$SI_j = \frac{1}{m}(p_j + p_{l+j} + \cdots + p_{(m-1)l+j}), \quad j = 1, 2, \cdots, l \qquad (4.12)$$

步骤 2 将客流量预测值进行季节调整，即将季节调整指数与相对应的预测值相乘，即

$$f_{n+k} = y_t \cdot SI_k \qquad (4.13)$$

其中，$k = j, l+j, 2l+j, \cdots, (m-1)l+j$ 为预测期的时间点。

基于 SEA 的 AGA-SVR 方法和 SI 的 AGA-SVR 方法的具体流程如图 4.3 所示：

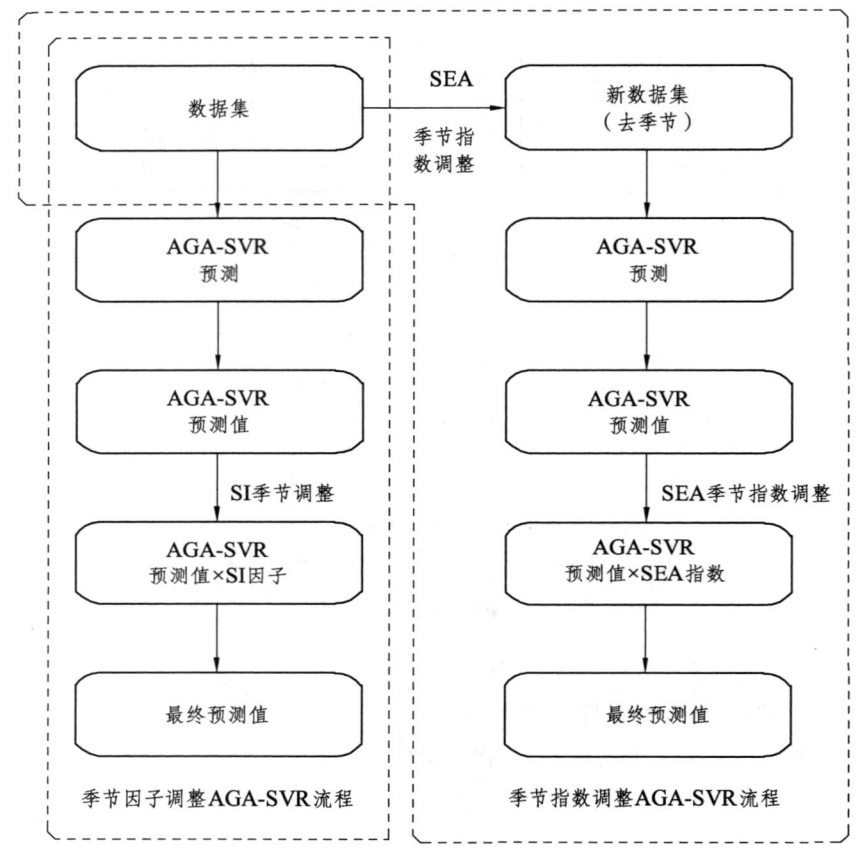

图 4.3 两种不同的季节 AGA-SVR 方法流程图

4.5 实验过程和结果分析

4.5.1 数据来源

2008—2012 年 5 年间,黄山风景区节假日客流总量占全年客流总量的百分比分别为 15.01%、13.05%、15.79%、18.71% 和 15.56%。客流量在短期内聚集,多而集中,给景区的资源和调度等工作造成很大的压力,因此本章选取黄山风景区 2008—2012 年节假日每日数据作为 AGA-SVR

模型的研究对象，具有一定的代表性。黄山风景区节假日每日数据包括：每日客流量、每日上午 8 点前客流量和每日人体舒适度指数，分别定义为 $\{X_1, X_2, X_3\}$，其中每个变量包含数据的个数为 145。具体时间序列分别如图 4.4 和 4.5 所示。

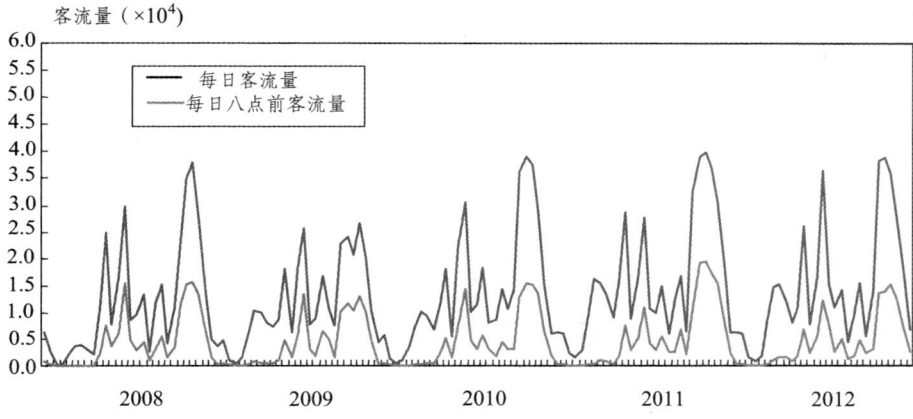

图 4.4　黄山风景区 2008—2012 年节假日客流量

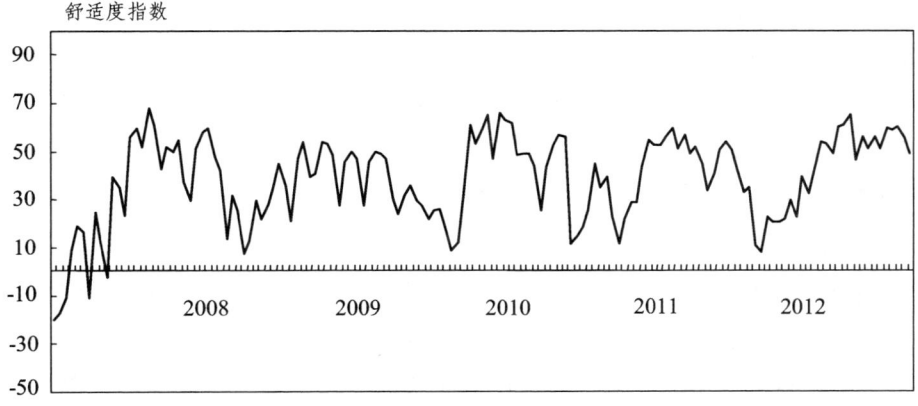

图 4.5　黄山风景区 2008—2012 年节假日每日人体舒适度指数

由图 4.4 和图 4.5 可以看出：

（1）不同的节假日，由于每个节假日休假时间长短不同，导致客流量的波动情况也不同，明显呈现出"两头低中间高"的趋势，非线性趋势明显；

（2）由于气候以及消费者每年相同旅游行为等因素的影响，使得节假日客流量数据呈现出明显的季节性和年度周期性的特征；

（3）每日八点前客流量和每日舒适度指数与每日客流量的非线性性、季节性和周期性的特点基本同步。

（4）除此之外，节假日时间的长短对客流量产生明显的影响，为了能够进一步体现出休假时间长短在客流量预测中的影响，引进虚拟变量来识别，具体如下：

$$D_i = \begin{cases} 1, & \text{节假日的第 } i \text{ 天}, \quad i = 1, 2, \cdots, 7 \\ 0, & \text{节假日的其他几天}, \end{cases} \quad (4.14)$$

因此，将数据集 $\{X_1, X_2, X_3, D_1, D_2, \cdots, D_7\}$ 作为 AGA-SVR 的输入变量，要预测的节假日客流量为输出变量。

4.5.2 季节 AGA-SVR 预测方法实验过程

在实验中，数据集被分为两部分：训练集和测试集，其中训练集所选数据为 2008—2011 年黄山风景区节假日客流量相关数据，样本数目为 116；测试集为 2012 年节假日客流量相关数据，样本数目为 29 个。将式子 $(x_t - x_{\min})/(x_{\max} - x_{\min})$ 归一化到 $[0,1]$，这里 x_t、$x_{\min}$ 和 $x_{\max}$ 分别代表数据集里数据在时间点 t 的值、最小值和最大值。

1. SEA-AGA-SVR 实验过程

根据 SEA 公式（4.6）和（4.7），对数据集 $\{X_1, X_2, X_3\}$ 进行季节指数调整，计算出每个节假日每一天的季节调整指数，如表 4.1 所示：

根据 SEA 公式（4.9）和表 4.1，对 2008—2012 节假日每日客流量、每日八点前上山的客流量及每日人体舒适度指数等进行季节调整。调整后的数据集如图 4.6-4.8 所示。由图可知，经过季节指数调整，每日客流量、每日八点前上山的客流量及每日人体舒适度指数等数据波动幅度降低，数据集的季节性得到消除。

第 4 章　节假日客流量预测方法研究

表 4.1　节假日每日季节调整指数

节日	时间(天)	SI	8点前SI	$SSD\ SI$	节日	时间(天)	SI	8点前SI	$SSD\ SI$	节日	时间(天)	SI	8点前SI	$SSD\ SI$
元旦	1	0.3629	0.0446	0.6467	清明节	1	0.8393	0.4234	0.8437	中秋节	1	0.8910	0.4889	1.2941
元旦	2	0.4205	0.1103	0.3699	清明节	2	1.8940	1.4193	0.7936	中秋节	2	1.2541	1.0784	1.3227
元旦	3	0.1319	0.0293	0.3990	清明节	3	0.5332	0.5455	1.1354	中秋节	3	0.6100	0.5384	1.3716
春节	1	0.0496	0.0026	0.3235	劳动节	1	1.3325	1.3264	1.4544	国庆节	1	1.1796	1.3729	1.2376
春节	2	0.1315	0.0075	0.6676	劳动节	2	2.8057	2.9841	1.4094	国庆节	2	3.3050	3.0418	0.9673
春节	3	0.5235	0.0333	0.6559	劳动节	3	0.7651	1.1003	1.3793	国庆节	3	2.7776	3.2774	1.1965
春节	4	0.7399	0.1100	0.4817	端午节	1	0.7503	0.5807	1.5344	国庆节	4	2.4767	3.3875	1.3968
春节	5	0.7736	0.1558	0.6628	端午节	2	1.1385	1.2202	1.5994	国庆节	5	2.0885	2.8759	1.4759
春节	6	0.6464	0.1601	0.5615	端午节	3	0.4678	0.5825	1.4234	国庆节	6	1.2456	1.5547	1.3671
春节	7	0.4762	0.0915	0.5052						国庆节	7	0.5295	0.4570	1.1613

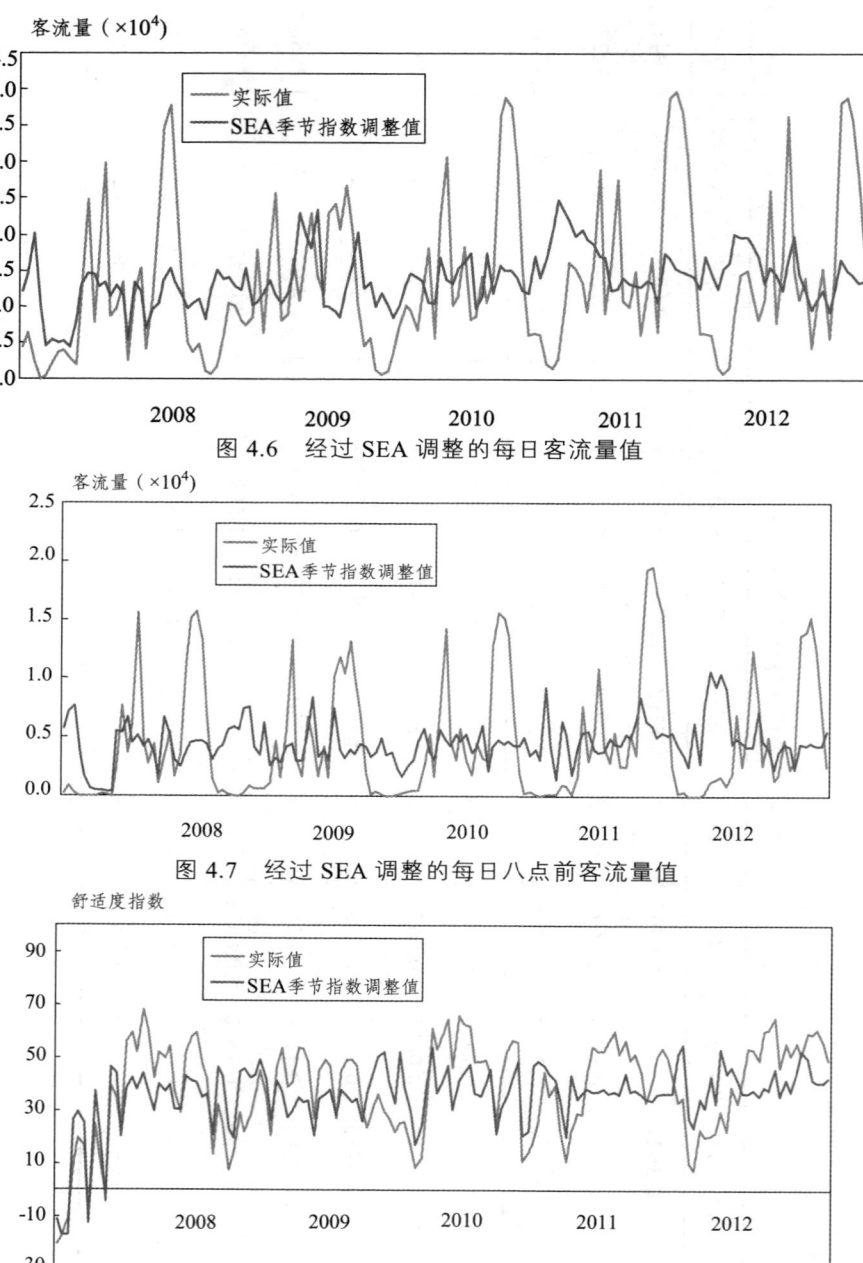

图 4.6 经过 SEA 调整的每日客流量值

图 4.7 经过 SEA 调整的每日八点前客流量值

图 4.8 经过 SEA 调整的每日人体舒适度指数

然后按照图 4.3 中季节指数调整 AGA-SVR 流程,将消除季节性的数据集输入 AGA-SVR 模型,模型各参数设置如表 4.2 所示,最终获得 SVR 最优参数为:$\varepsilon = 0.1631$, $C = 1.2714$, $\sigma = 2.2372$, $CV_{\text{mse}}=0.1260\%$, $b=-0.2527$,支持向量个数为 81。

表 4.2 AGA 参数设置

进化代数	种群规模	交叉概率		突变概率	
		p_{c1}	p_{c2}	p_{m1}	p_{m2}
100	20	0.9	0.6	0.1	0.001

将获得的各参数输入 AGA-SVR,最终输出 AGA-SVR 预测值,将预测值乘以季节调整指数,得到最终经过季节指数调整的每日客流量预测值,即 2012 年节假日每日客流量的预测值。

2. AGA-SSVR 实验过程

在季节因子调整实验中,数据集划分、AGA 参数设置均同季节指数调整实验。通过 Matlab7.0(R2010a)对数据进行实验平台训练验证,获得 SVR 模型的最优参数值分别为:$C = 9.9427$,$\sigma^2 = 9.1912$,$\varepsilon = 0.0167$,$CV_{\text{mse}}=0.0145\%$,支持向量个数为 47,$b=-0.6455$。将获得的最优参数值代入 SVR 模型,得到 2012 年节假日客流量预测值。

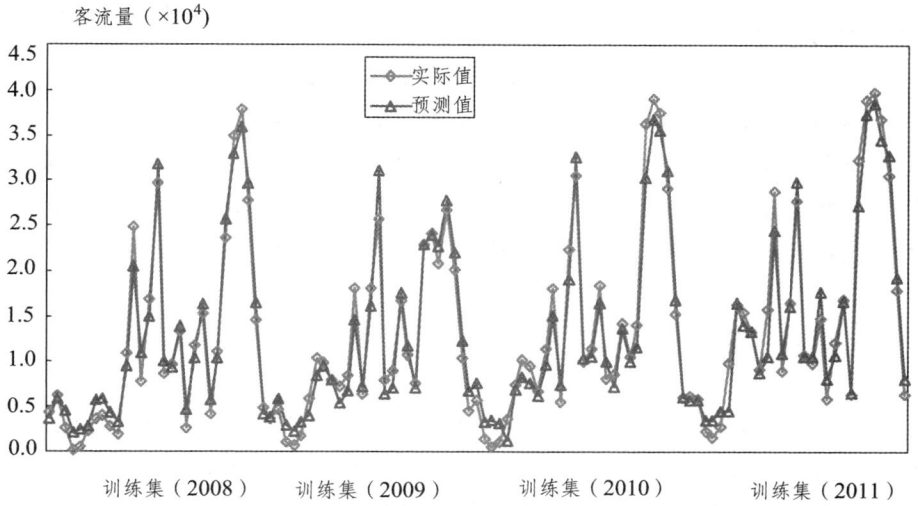

图 4.9 2008—2011 节假日每日客流量训练集预测值

为了对节假日客流量预测值进行季节因子调整，季节因子值通过 AGA-SVR 模型 2008—2011 年训练集的预测值得到，即图 4.9 中带三角形的线。由于每年的节假日天数为 29，因此将季节长度值设为 29（注：如遇中秋节和国庆节天数重叠现象，仍按照原有休假方式中秋 3 天和国庆 7 天计）。根据季节因子调整公式（4.11）和（4.12），通过 2008—2011 年节假日的预测值，计算节假日每日的季节因子，如表 4.3 所示。

表 4.3 节假日每日客流量季节因子

时间（天）		SI	时间（天）		SI	时间（天）		SI
元旦	1	0.9806	清明节	1	1.1046	中秋节	1	1.1334
	2	0.9503		2	1.1012		2	0.9988
	3	0.8358		3	0.8877		3	0.9462
春节	1	0.8319	劳动节	1	1.1317	国庆节	1	1.0939
	2	1.0300		2	0.9082		2	1.0394
	3	1.1555		3	1.0273		3	1.0408
	4	0.9845	端午节	1	1.1148		4	1.0221
	5	0.9983		2	1.0633		5	0.9419
	6	0.9805		3	1.0067		6	0.9088
	7	1.0248					7	0.9520

从表 4.3 可以看出，季节因子值在 1 左右波动，季节因子小于 1 表明，由训练集计算出的 SVR 预测值高于实际值，值越小，预测值越高于实际值；季节因子值大于 1 表明，SVR 预测值低于实际值，值越大，预测值越低于实际值。通过季节因子调整式（4.13），计算出调整后的 SVR 预测值，这样偏高或偏低的预测值得到修正，更趋近于实际值。

4.5.3 评价指标分析

在本节中，除了第 3 章中的相关系数 R 和 $MAPE$ 外，均方根误差（root mean square error，RMSE）、平均绝对误差（mean absolute error）均作为评价预测方法准确性的指标。具体定义如下：

（1）平均绝对误差：

$$MAE = \frac{1}{n}\sum_{i=1}^{n}|y_i - \hat{y}_i| \quad (4.15)$$

（2）均方根误差（root mean square error，RMSE）：

$$RMSE = \sqrt{\sum_{i=1}^{n}(y_i - \hat{y}_i)^2 / n} \quad (4.16)$$

在上述公式中，y_i 为实际值，$\hat{y}_i$ 为预测值，n 为测试样本的数量。MAE 和 RMSE 反映了实际值和预测值之间的偏差，它们的值越低，表明实际值和预测值越接近，预测的准确性越高。

4.5.4 实验结果分析

对通过 SEA-AGA-SVR 预测值、AGA-SSVR 预测值和未进行季节处理的 AGA-SVR 预测值与实际值进行比较，结果如图 4.10 所示。从图中可以看出，在几种方法的比较中，SEA-AGA-SVR 方法的预测效果最好，其次为 AGA-SSVR 方法，AGA-SVR 方法的预测效果较前两者精度稍差。为了进一步比较，将各种方法的预测值归一化后列表 4.4。表 4.4 显示，2012 年节假日 29 天中，SEA-AGA-SVR 的预测值最接近实际值天数，为 17 天，而 AGA-SSVR、AGA-SVR 的预测值分别为 8 天和 4 天。上述结果进一步说明，SEA-AGA-SVR 方法预测的准确性更高，其次是 AGA-SSVR 方法，AGA-SVR 方法的预测效果较差。

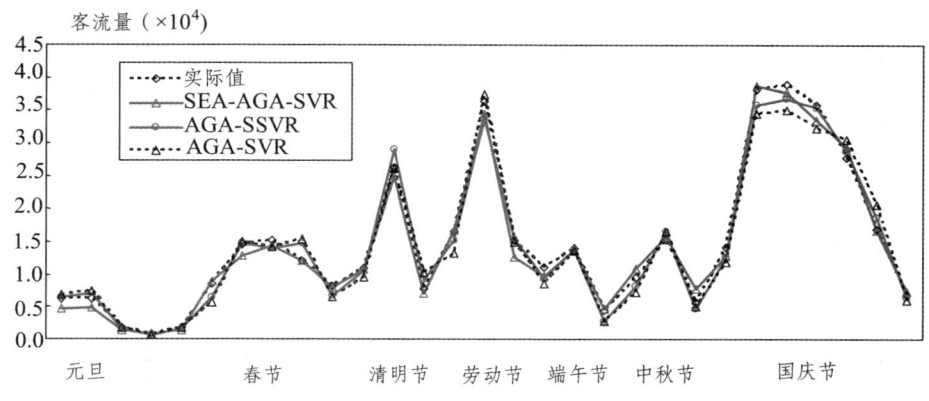

图 4.10 节假日客流量各种预测方法比较

表 4.4 节假日客流量预测值（归一化）

时间（天）		实际值	SEA	SSVR	SVR	时间（天）		实际值	SEA	SSVR	SVR
New Year	1	0.1469	0.1059	**0.1548***	0.1792	Dragon Boat Festival	1	0.2745	**0.2392***	0.2360	0.2088
	2	0.1460	0.1113	**0.1681***	0.1765		2	0.3523	**0.3482***	0.3445	0.3423
	3	0.0294	0.0220	0.0243	**0.0314***		3	0.1010	**0.1098***	0.0593	0.0590
Spring Festival	1	0.0057	**0.0043***	0.0000	0.0031	Mid-Autumn Festival	1	0.2356	**0.2677***	0.1972	0.1721
	2	0.0332	0.0219	0.0265	**0.0328***		2	0.3871	**0.3971***	0.4156	0.4172
	3	0.2080	**0.2213***	0.1527	0.1326		3	0.1326	0.1888	**0.1186***	0.1171
	4	0.3652	0.3208	**0.3713***	0.3755	National Day	1	0.3554	**0.3199***	0.3154	0.2958
	5	0.3812	**0.3629***	0.3503	0.3578		2	0.9818	**0.9983***	0.9202	0.8861
	6	0.3012	**0.3023***	0.3735	0.3887		3	0.9995	**0.9697***	0.9463	0.8990
	7	0.1989	**0.1916***	0.1570	0.1546		4	0.9207	0.8579	**0.9078***	0.8266
Ching-Ming Festival	1	0.2726	**0.2656***	0.2600	0.2349		5	0.7124	0.7499	**0.7370**	0.7805
	2	0.6690	0.6374	0.7426	**0.6650***		6	0.4264	**0.4222***	0.4719	0.5250
	3	0.1877	**0.1699***	0.2229	0.2564		7	0.1636	0.1773	**0.1558***	0.1553
May Day	1	0.4155	**0.4207***	0.3816	0.3328						
	2	0.9354	0.8818	0.8625	**0.9590***						
	3	0.3839	0.3180	**0.3851***	0.3744						

注：*表示同一天预测中该预测值与实际值误差最小

为了比较各预测方法的偏差程度，用 $MAPE$、$RMSE$、MAE 和 R 等标准进行验证。和 MAE 相同，$MAPE$ 和 $RMSE$ 均反映了实际值和预测值之间的偏差，它们的值越低，表明实际值和预测值越接近，如表 4.5 所示。

表 4.5 不同预测方法评价指标值

	MAE	$MAPE$	$RMSE$	R
SEA-AGA-SVR	**1074**	**0.0966**	**1390**	**0.9992**
AGA-SSVR	1180	0.1182	1456	0.9985
AGA-SVR	1697	0.1479	2119	0.9973

具体分析如下：

（1）SEA-AGA-SVR 和 AGA-SSVR 均优于 AGA-SVR。

相对于 AGA-SVR 方法，SEA-AGA-SVR 和 AGA-SSVR 方法的 MAE、$MAPE$ 和 $RMSE$ 均较小，R 值更接近 1。这表明：由于节假日客流量具有典型的季节性特点，经过季节处理的 SVR 方法的预测效果优于未进行季节处理的 AGA-SVR 方法。

（2）SEA-AGA-SVR 优于 AGA-SSVR

在两种经过季节处理的 SVR 里，SEA-AGA-SVR 方法的预测效果较 AGA-SSVR 方法更准确。可能的原因在于：SEA-AGA-SVR 方法是一种对原始数据进行事前季节处理的方法。原始数据经过 SEA 处理后，季节性趋势得到消除，非线性趋势占主导地位，更符合 SVR 对非线性预测的要求；AGA-SSVR 方法是一种事后对预测值进行季节处理的方法，季节因子来源于训练集的预测值。由于训练集的预测值具有一定的误差，因此用这些数据计算出来的季节因子与实际情况有一定的差距，使得经过季节因子处理后的预测值和实际值在实际上也存在相应的误差。

综上所述，相对于未进行季节处理的 AGA-SVR 方法，基于季节的 SVR 方法即 SEA-AGA-SVR 和 AGA-SSVR 的预测效果较好，而 SEA-AGA-SVR 的预测准确性更高，误差最小，而且原始数据经过 SEA 调整后，数据波动性减小，在 Matlab 上运行时间较其他两种方法少，因此它是实现节假日客流量预测的有效方法。

4.6 小　结

节假日客流量由于具有明显的季节性和非线性性特点，较平常日客流量更复杂。针对这种特点，本章提出了基于季节的 SVR 节假日客流量预测方法即 SEA-AGA-SVR 和 AGA-SSVR 方法。通过两种不同的季节方法对节假日原始数据及预测数据进行处理，SEA-AGA-SVR 模型是一种基于对原始数据进行事前季节处理的方法，该方法能够很好地消除原始数据的季节性，数据特征更适合 SVR 非线性预测；AGA-SSVR 方法是一种事后对预测值进行季节处理的方法，其预测效果差于 SEA-AGA-SVR 模型。但是两种经过季节处理的 SVR 模型均优于未经过季节处理的 SVR 预测方法。

第 5 章　旅游突发事件客流量预测方法研究

5.1　问题分析

节假日客流量预测方法解决了客流量在同一时间的集中性、非线性性和季节性的预测问题，为旅游景区未来的决策提供了直接信息来源，具有重要的现实意义。但是客流量并不总是表现出其已有的模式和趋势，因为旅游业是一项对外界环境较敏感的行业，自然环境和社会环境的变化会对其产生重要的影响。一些突发的旅游事件如自然灾害（地震、海啸、流行病等）和人为的灾害（恐怖主义、政治动荡、战争和国际冲突）等都会对旅游行业造成极大的影响。由于这些旅游突发事件通常是发生突然、无法预料、社会影响大、信息不对称等，因而给景区造成极大的危害，使得人们远离旅游目的地，从而破坏了旅游系统发展的天然而稳定的趋势和时间规律。突发事件时期客流量作为旅游系统的完整的一部分，被描述为"一种固有的非线性、线性相结合的复杂和混沌的动态系统。这种不同特征的混合，使得旅游突发事件客流量较平常日和节假日更无规律性而言，现有的单一预测方法难以实现这种非常规的客流量预测。因此，本章针对旅游突发事件时期客流量的特点，提出一种将 SVR 和 ARIMA 混合的模型，以实现对其客流量的预测。

5.2　旅游突发事件客流量预测现状

5.2.1　突发事件和旅游突发事件的内涵

突发事件是一个复杂系统，具有突发性、随机性与不确定性。相对于突发事件，旅游突发事件由于旅游行业的特殊性有着特定的含义，世界旅游组织（WTO）把旅游目的地的突发危机事件定义为"影响旅游者信心，并会危及该地旅游业持续正常运转的任何不曾预见的事件"。国外学者Dobson定义旅游突发事件为：以任何形式出现的事件，都会给旅游行业造成极大的冲击，从而导致不利局面的突然发生，事件通常（但不完全）以灾难（人类和自然）的形式发生。依据国家旅游局《旅游突发公共事件应急预案》，我国学者对旅游突发事件的定义为：因自然灾害、事故灾难、突发公共卫生事件和突发社会安全事件而发生的重大危害或游客伤亡事件。虽然旅游突发事件发生的概率小，但是旅游业是个非常脆弱的行业，任何突发事件的发生都可能改变旅游业的运作条件和发展背景，降低当地旅游的可进入性，进而影响旅游业发展的稳定性。

5.2.2 旅游突发事件客流量预测现状

目前，对旅游突发事件客流量的研究主要集中于突发事件应急管理方面，而关于突发事件客流量预测的研究相对较少。近年来，文献研究主要集中于一些较大的对客流量有直接冲击的突发事件，如亚洲金融危机、中国台湾大地震、SARS、911事件等，所用的方法主要以ARIMA、SARIMA、ARMAX和ADLM为主。这些方法为旅游突发事件的预测提供了一种相对有效的工具，但是由于旅游突发事件时期客流量"非线性、线性相结合的复杂和混沌的动态系统"特点，使得单一预测方法难以实现，因此混合预测方法便成为一种选择。

5.3 混合预测方法研究现状

在以往关于旅游预测的文献中，处理一些复杂的预测问题时，以组合预测方法居多。所谓组合预测就是设法把不同的预测模型组合起来，综合利用各种预测方法所提供的信息，以适当的加权平均形式得出组合预测方法。组合预测最关心的问题就是如何求出加权平均系数，使得组合预测方法更加有效地提高预测精度，组合预测在国外称为combination forecasting 或 combined forecasting。该类方法是预测方法的线性组合，预测准确性受权重选取的影响。但是，目前对于权重的获取没有较为成熟的方法与理论指导。

处理复杂的预测问题的另一种方法是将几种预测方法结合，充分利用各自模型的优点，克服单一模型技术上的弱点，生成混合方法共同预测，从而取得比单个方法更好的预测性能和效果，增加了模型的适应性。混合预测方法避免了组合预测方法的局限性，由于具备了各种方法的优点而被广泛应用于各类预测上。在混合方法预测中，ANN 和 ARIMA 由于分别具有的非线性和线性预测能力常被结合在一起对复杂时间序列进行预测，成为最常用的一种混合预测方法。

有文献用 ANN 和 ARIMA 混合方法分别实现了企业的销售额预测、供应链管理中的需求预测、太阳黑子预测、美元兑英镑的汇率预测、空气中悬浮的颗粒数量预测、建筑物空调负荷预测和旅游客流量等，这些研究均表明，混合预测模型效果优于单个的 ANN 或者 ARIMA。

SVR 与 ARIMA 混合预测是近年来发展起来的一种方法，主要被用于行业产值预测、股票价格预测、空调负荷预测等，均表现出良好的预测能力。但是相比较于以 ANN 为基础的混合方法，对以 SVR 为主题的混合方法应用的研究相对偏少，尤其是将其应用于旅游客流量的预测更少，因此，本章将 SVR 和 ARIMA 方法相结合建立混合预测方法。同时根据突发事件客流量时间序列的非线性和线性的随机性等特征，用混沌粒子群算法（chaos particle swarm optimization，CPSO）选择 SVR 的自由参数，将 SVR、CPSO 和 ARIMA 三种方法相结合，充分利用各种方法的优势实现旅游突发事件时期客流量的预测。

5.4　基于 SVR-ARIMA 的旅游突发事件客流量混合预测方法

基于 CPSO 的 SVR-ARIMA 混合预测方法的主要原理是首先用 CPSO 对 SVR 自由参数寻优，利用 SVR 对突发事件时期非线性特征的客流量进行预测，然后用 ARIMA 方法对用 SVR 模型无法预测的线性特征客流量即 SVR 残差再次预测，将两者预测结果相加，即得到较准确的客流量预测值。

5.4.1 基于 CPSO 的 SVR 参数选择

粒子群算法（particle swarm optimization，PSO）是由 Kennedy 和 Eberhart 在 1995 年提出，它的最初想法来源于对鸟群的觅食行为的研究。PSO 是一种连续非线性函数的最优化方法，它克服了 GA 知识不能记忆或储存的缺陷，而且这种算法以其实现容易、参数少、快速收敛等优点得到了广泛的研究和应用。但是 PSO 算法在运行过程中，经常受到局部搜索能力弱、局部最优的限制。而以混沌为基础的混沌优化算法由于容易实现和局部搜索的特殊能力，得到了广泛应用。因此，为了避免 PSO 算法陷入局部最优，提高搜索行为及收敛速度，将混沌优化算法中的局部搜索（chaotic local search，CLS）引入；针对 PSO 惯性权重 w 对 PSO 的发现全局最优解的关键因素，将自适应惯性权重因子（adaptive inertia weight factor，AIWF）引入，即混沌 PSO 算法（chaos PSO，CPSO）的实现，该算法实现了全局搜索能力和局部搜索能力的统一。

1. PSO 算法参数寻优原理

和 GA 的交叉和变异选择个体不同，PSO 的基本思想为：粒子通过彼此间的协作和信息共享，以迭代方式搜寻当前的最优值并储存，从而在解空间中寻找全局的最优解。在 PSO 算法中，每个优化问题的潜在解称为"粒子"。每个粒子对对应一个由适应度函数决定的适应值（fitness value）。粒子的速度决定了粒子移动的方向和距离，并且速度随自身及其他粒子的移动经验进行动态调整，从而实现个体在可解空间中的寻优。PSO 随机初始化一群粒子和粒子速度，其中粒子个数称为种群规模 m，粒子 i 在 n 维空间里的位置表示为一个矢量。由于 SVR 模型中有三个自由参数，因此，在 n 维状态空间里，第 i 个粒子在 n 维空间的位置、第 i 个粒子的飞行速度、其搜寻到的最优位置分别描述为：

$$\begin{aligned}
&x_{(k)i} = (x_{(k)i,1}, x_{(k)i,2}, \cdots, x_{(k)i,n}) \\
&v_{(k)i} = (v_{(k)i,1}, v_{(k)i,2}, \cdots, v_{(k)i,n}) \\
&p_{(k)i} = (p_{(k)i,1}, p_{(k)i,2}, \cdots, p_{(k)i,n}) \\
&k = C, \varepsilon, \sigma, i = 1, 2, \cdots, N
\end{aligned} \quad (5.1)$$

所有粒子 $x_{(k)} = (x_{(k)1}, x_{(k)2}, \cdots, x_{(k)N})$ 的全局最优解为：

$$\begin{aligned}
&p_{(k)g} = (p_{(k)g,1}, p_{(k)g,2}, \cdots, p_{(k)g,n}) \\
&k = C, \varepsilon, \sigma, i = 1, 2, \cdots, N
\end{aligned} \quad (5.2)$$

然后每个粒子根据如下进化公式来更新自己的速度和新位置：

$$\begin{aligned}
&v_{(k)i}(t+1) = wv_{(k)i}(t) + c_1 r_1 (p_{(k)i} - x_{(k)i}(t)) + c_2 r_2 (p_{(k)g} - x_{(k)i}(t)) \\
&x_{(k)i}(t+1) = x_{(k)i}(t) + v_{(k)i}(t+1) \\
&k = C, \varepsilon, \sigma, i = 1, 2, \cdots, N
\end{aligned} \quad (5.3)$$

其中 w 是惯性权重函数，用来控制前面速度对当前速度的影响；r_1、r_2 为均匀分布在 [0, 1] 区间的随机数，c_1 和 c_2 称为加速因子。为防止粒子盲目搜索，一般将其速度和位置限制在 $[-v_{\max}, v_{\max}]$ 和 $[-x_{\max}, x_{\max}]$ 区间内。选用 MSE 为适应度函数。

综上所述，PSO 算法步骤如下：

步骤 1 初始化定义种群的粒子对 $(C_i, \varepsilon_i, \sigma_i)$，其初始位置和速度分别为 $x_i = (x_{Ci}, x_{\varepsilon i}, x_{\sigma i}), v_i = (v_{Ci}, v_{\varepsilon i}, v_{\sigma i})$。

步骤 2 用式（12）计算所有粒子对的适应值 f_i，将每个粒子的最优位置 $p_i = (p_{Ci}, p_{\varepsilon i}, p_{\sigma i})$ 和最优适应值 f_{besti} 设置为其初始位置和适应值，将群体的最优位置 $p_g = (p_{Cg}, p_{\varepsilon g}, p_{\sigma g})$ 和最优适应值 $f_{\text{globalbesti}}$ 设置为其最优初始粒子对位置和适应值。

步骤 3 根据式（11）更新每个粒子对的速度和位置。

步骤 4 将每一个粒子对的当前适应值与 f_{besti} 比较，若当前适应值优，则位置 $(p_{Ci}, p_{\varepsilon i}, p_{\sigma i})$ 和其适应值更新为当前位置和适应值。

步骤 5 根据最优适应值，决定整个种群的最优粒子对。如果其适应值小于 $f_{\text{globalbesti}}$，则位置 $(p_{Cg}, p_{\varepsilon g}, p_{\sigma g})$ 和其适应值更新为当前最优位置和当前适应值。

步骤 6 如果达到停止准则，则最优位置 $(p_{Cg}, p_{\varepsilon g}, p_{\sigma g})$ 和 $f_{globalbesti}$ 已决定，否则返回步骤 3。

2. CPSO 算法原理

（1）自适应惯性权重因子（adaptive inertia weight factor，AIWF）。

在粒子群算法中，全局搜索能力和局部搜索能力对有效发现最优解至关重要，而能否有效地发现最优解的关键在于惯性权重 w。即 w 越大，它越会促进粒子趋向于全局搜索；当 w 越小时，它越会促进粒子趋向于局部搜索。有文献认为，在 PSO 运行过程中，通过线性下降方法可以将权重从较大值降至较小值，使算法在一开始时具有全局搜索能力，结束时具有局部搜索能力。惯性权重线性下降方法（linearly decreasing inertia weight，LDIW）即为其中的一种，相对于固定的惯性权重设置，其自适应的惯性权重值 w 从开始时的接近于 0.9 线性下降至 0.4 时，PSO 性能最优。本节引入自适应惯性权重因子（adaptive inertia weight factor，AIWF）来调整 PSO 的权重。在该算法中，为了平衡全局搜索能力和局部搜索能力，使 w 的值随着粒子的适应值变化而变化，我们用较少的平均迭代来获得有效的最优解。具体公式如下：

$$w = \begin{cases} w_{\min} + (w_{\max} - w_{\min})(f - f_{\min})/(f_{avg} - f_{\min}), & f \leqslant f_{avg} \\ w_{\max}, & f > f_{avg} \end{cases} \quad (5.4)$$

这里 $w_{\min}$、$w_{\max}$ 分别为权重 w 的最小值和最大值，f_{avg}、$f_{\min}$ 分别为所有粒子的平均适应值和最小适应值，f 为粒子的当前适应值。

由式（5.4）可以看出，w 随着粒子适应值的改变而变化。适应值低的粒子被保留下来，适应值高于平均适应值的粒子被淘汰。AIWF 为保持种群的多样性，其收敛能力提供了一种良好的方法，保证了 PSO 算法的全局最优性。

（2）混沌局部搜索（chaotic local search，CLS）。

混沌局部搜索 CLS 的优势在于：当粒子陷入早熟时，利用 CLS 能使粒子跳出局部最优，从而可以快速搜索到 PSO 中的全局最优解 $f_{globalbesti}$，有效地弥补了 PSO 小范围内搜索能力弱的缺陷。通常情况下，CLS 以

Logistic 方程为基础，具体定义如下：

$$cx_{(k)i}^{(l+1)} = ucx_{(k)i}^{(l)}(1-cx_{(k)i}^{(l)}), k=C,\varepsilon,\sigma, i=1,2,\cdots,N \qquad (5.5)$$

其中 $cx_{(k)i}$ 为第 i 代混沌变量，l 为迭代次数，$cx_{(k)i}^{(l)} \in (0,1)$ 且 $cx_{(k)i}^{(0)} \in (0,1)$，但是 $cx_{(k)i}^{(0)} \notin (0.25, 0.5, 0.75)$，$u$ 为控制参量，一般取值为 4。混沌局部搜索的基本原理是：当粒子陷入局部最优时，通过特定方式产生一初始混沌变量，该混沌变量与需要优化的变量数目相同；然后利用 Logistic 映射函数产生混沌序列，根据混沌运动的遍历性特点把每维的混沌变量变换到优化变量的取值区间，记录搜索到的最优值，直到达到混沌搜索的最大代数；最后再随机取代一个粒子，以增加其多样性。

CLS 的步骤如下：

步骤 1 设 $l=0$，并将搜索范围控制在 $(x_{\min(k)i}, x_{\max(k)i})$ 区间内，初始化变量 $x_{(k)i}^{(0)}$；初始化最优适应值 f_{CLS} 和最优粒子 x_{CLS}；

步骤 2 将参数变量 $x_{(k)i}^{(l)}$，$k=C,\varepsilon,\sigma, i=1,2,\cdots,N$ 通过式（5.5）映射成混沌变量 $cx_{(k)i}^{(l)}$，并通过式（5.6）将其归一化到 $(0,1)$，即：

$$cx_{(k)i}^{(l)} = (x_{(k)i}^{(l)} - x_{\min(k)i}) / (x_{\max(k)i} - x_{\min(k)i}), i=1,2,\cdots,N \qquad (5.6)$$

步骤 3 根据 Logistic 映射方程（5.5）计算下一代混沌变量 $cx_{(k)i}^{(l+1)}$。

步骤 4 根据式（5.7）将混沌变量 $cx_{(k)i}^{(l+1)}$ 重新转化为参数变量 $x_{(k)i}^{(l+1)}$，即

$$x_{(k)i}^{(l+1)} = x_{\min(k)i} + cx_{(k)i}^{(l+1)}(x_{\max(k)i} - x_{\min(k)i}) \qquad (5.7)$$

步骤 5 用 $x_{(k)i}^{(l+1)}$ 计算 CLS 适应值 f_{CLS}，如果 $f_{CLS} \leq f$ 或者达到指定迭代次数，则新的混沌变量 $x_{CLS} = x_{(k)i}^{(l+1)}$ 及其相应的 f_{CLS} 作为混沌搜索的最终解，否则停止 CLS，令 $l=l+1$，转向步骤 3。

（3）CPSO 算法过程。

根据上述算法的各自特点，将 PSO、AIWF 与 CLS 结合在一起组成一个两阶段的迭代算法即混沌粒子群算法（CPSO），利用 PSO-AIWF 的全局搜索能力和 CLS 的局部搜索能力，找出最优参数，为正确预测提供保障。具体的 CPSO 算法流程如图 5.1 所示。

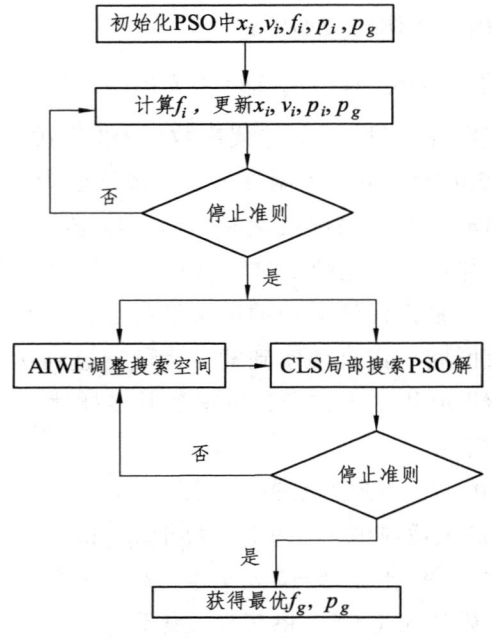

图 5.1 CPSO 算法流程图

5.4.2 ARIMA 模型原理

自回归求和移动平均模型（autoregressive integrated moving average，ARIMA）是在经典时间序列预测中使用最广泛和最灵活的一种预测模型，它通常包含三个部分：自回归 AR、差分 I 和移动平均 MA，每个部分都有其各自的特点。根据时间序列是否平稳及回归中所含部分的不同，将 ARIMA 分成四个过程：自回归过程（autoregressive，AR）、移动平均过程（moving average，MA）、自回归移动平均过程（autoregressive moving average，ARMA）和自回归求和移动平均过程（ARIMA）。

ARIMA 模型的原理为：对于非平稳的时间序列，用若干次差分（差分的次数记为 d）使其成为平稳序列，再用 ARMA(p,q) 模型对该平稳序列建模，之后经反变换得到原序列。通常情况下，ARIMA 模型的一般形式为 ARIMA(p,d,q)，模型的一般公式表示为：

$$y_t = \theta_0 + \phi_1 y_{t-1} + \phi_2 y_{t-2} + \cdots + \phi_p y_{t-p} + \varepsilon_t - \theta_1 \varepsilon_{t-1} - \theta_2 \varepsilon_{t-2} - \cdots - \theta_q \varepsilon_{t-q} \quad (5.6)$$

这里 y_t 为时间 t 的预测输出值，ε_t 为服从独立正态分布的 $N(0,\delta_\alpha^2)$ 的白噪声系列，$\phi_i(i=1,2,\cdots,p)$、$\theta_j(j=1,2,\cdots,q)$ 为整数的模型参数，p,d,q 为模型的阶数。其中 p 为 AR 的阶数，q 为 MA 的阶数，d 为差分的阶数。ARIMA 通过对不同的 p,d,q 组合测试可以优化模型预测结果，找到最合适的模型参数。ARIMA 模型具体包括四个迭代步骤：时间序列平稳性检验、模型识别、参数估计和模型检验、模型预测。

步骤 1 时间序列平稳性检验。

时间序列的平稳性是使用 ARIMA 模型预测的必要条件，因此需要对时间序列的平稳性进行检验。根据 Box 和 Jenkins 观点，用自相关函数（autocorrelation function ACF）、偏自相关函数（partial autocorrelation function，PACF）可以实现对时间序列平稳性的识别。当 ACF 快速接近于 0 时，该时间序列为平稳序列；如果时间序列表现出一定的趋势性和异方差，需要对数据进行差分处理和数据转换处理，如对数转换。

步骤 2 模型识别。

通过对时间序列自相关图和偏自相关图的分析，估计 p,q 的值，然后以此为基础，利用 AIC 和 SIC 准则确定 ARIMA 模型的最佳阶数。

步骤 3 参数估计和模型检验。

参数估计的目的是找到最合适的参数使得模型预测误差达到最小。参数估计的方法一般采用极大似然估计（maximum likelihood estimation，MLE）。同时将估计的参数在模型中进行系数显著性、残差序列、拟合度、*AIC* 值和 *SIC* 值等检验，如果检验不恰当则重新对参数进行估计。

步骤 4 模型预测。

将获得最合适参数的 ARIMA 进行预测。

在上述四个步骤中，步骤 1~3 往往要重复几次才能获得满意的模型。

5.4.3 CPSO-SVR-ARIMA 混合方法算法过程

上述文献中提到的混合预测方法，均先用 ARIMA 预测，再用 ANN 或者 SVR 预测残差。在本研究里，由于突发事件客流量受多种因素影响，因此输入变量为多变量，而 ARIMA 作为单变量模型，无法实现多变量的输入。因此，本研究先利用 SVR 对突发事件客流量进行预测，然后用 ARIMA 模型对 SVR 预测的残差进行预测，最后将 SVR 预测值与 ARIMA 预测值相加即为最终预测值。具体步骤如下：

步骤 1 用 CPSO-SVR 模型对时间序列 y_t 进行预测，得到预测值 $\widehat{N_t}$，CPSO-SVR 方法预测结果与原时间序列的残差为 ε_t，即 $\varepsilon_t = y_t - \widehat{N_t}$；

步骤 2 用 ARIMA 模型对 $\{\varepsilon_t\}$ 进行回归预测，预测结果为 $\widehat{L_t}$；

步骤 3 $\widehat{y_t} = \widehat{N_t} + \widehat{L_t}$ 即为混合方法预测 y_t 的结果。

具体流程如图 5.2 所示。

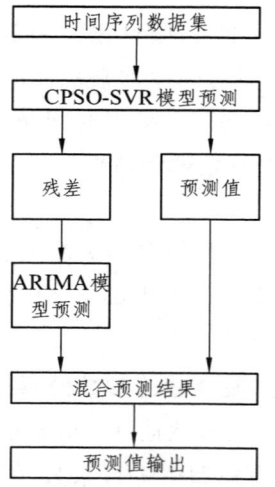

图 5.2 基于 CPSO 的 SVR-ARIMA 方法流程图

5.5 实验过程和结果分析

5.5.1 数据来源

由于黄山是著名的山岳风景区，因此在各类旅游突发事件中，以自然灾害为主的突发事件对其影响最突出。2008年5月12号，四川汶川发生地震，这对当地的旅游资源及旅游接待设施产生巨大的危害，黄山风景区的客流量也因此受到很大的冲击。因此，本章选用黄山风景区汶川地震前后的相关客流量数据，具有一定的典型性。选用数据从2008年2月12日到2008年6月30号之间数据集，数据集包括每日客流量、每日八点前客流量，各140条数据。具体如图5.3所示。

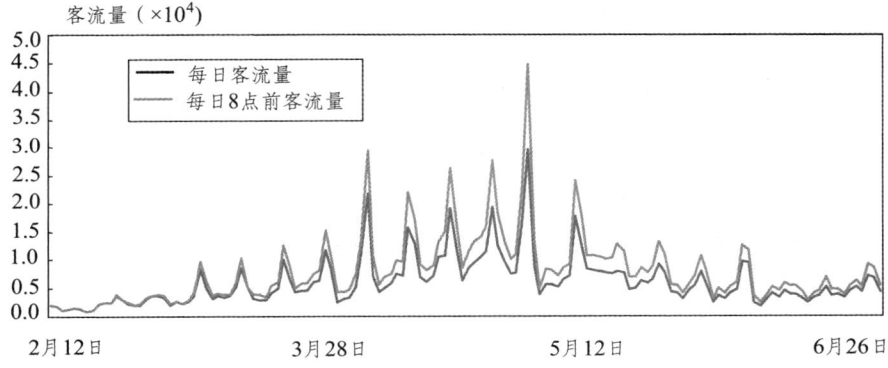

图5.3 汶川地震前后每日客流量

从图 5.3 中可以看出，5月本是黄山峰景区旅游旺季，但是从 5.12 以后客流量明显下降，客流量持续走低，5、6月份的分月比重指数分别为 7.62%和 5.77%，远远低于 2009—2011 同等月份（见表 3.1）。说明地震这种突发的自然灾难性事件对客流量造成了极大的影响。客流量原有典型非线性趋势相对减弱，线性趋势稍微明显。

5.5.2 CPSO-SVR-ARIMA 混合方法实验过程

将 2008 年 2 月 12 日至 2008 年 5 月 12 日作为训练集，共计 91 个数据，2008 年 5 月 13 日至 2008 年 6 月 30 日数据作为测试集，共计 49 个数据。

CPSO 各参数设置如表 5.1 所示，其中 C 的范围为 $[0,100]$，ε 的范围为 $[0,1]$，σ 的范围为 $[0,10]$。由于在 CPSO 算法中，每个优化问题的潜在解称为"粒子"，每个粒子对应着 SVR 自由参数对 (C,ε,σ)，我们对应参数的粒子分别称为 C 粒子、ε 粒子和 σ 粒子，它们的最大速度 v_{max} 被分别限制在每个参数范围 15%的搜索空间内。

表 5.1 CPSO 参数设置

进化代数	种群规模	$-v_{max}$			v_{max}			交叉验证	AIWF		加速系数	
		C	ε	σ	C	ε	σ		w_{min}	w_{max}	c_1	c_2
200	50	−15	−0.15	−1.5	15	0.15	1.5	10	0.2	1.2	2.0	2.0

5.5.3 实验方法及结果

经过 CPSO 参数寻优，最终获得 SVR 方法的最优参数值分别为：$C = 17.9597$，$\sigma = 2.5567$，$\varepsilon = 0.0191$，$CV_{mse}=0.0050$，支持向量个数为 23，$b=-0.5857$。预测方法的最后结果及残差如图 5.4 所示。

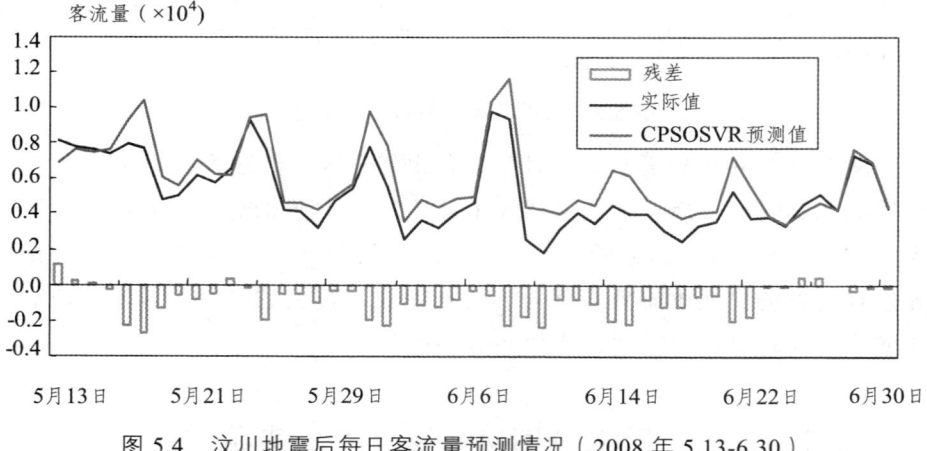

图 5.4 汶川地震后每日客流量预测情况（2008 年 5.13-6.30）

从图 5.4 可以看出，在 49 个预测值中，残差主要是负值，其中负值为 43 个，正值仅为 6 个，说明在预测过程中预测值普遍高于实际值。可能的原因在于：由于受汶川地震突发事件影响，客流量的值突然受到影响，而 CPSO-SVR 方法无法很快适应这种突如其来的数据量的变化，仍然按照其原有的轨迹进行预测，因此出现预测值大部分高于实际值的现象。此时的预测误差为 22.92%，很显然，这种预测误差较大。通过

Eviews6.0 软件，对残差的平稳性进行检验发现，一阶差分后数据呈现平稳性，因此 $d=1$，对一阶差分后残差序列的自相关和偏相关进行分析（见图 5.5），进一步确定了该模型的结构为 ARIMA(1,1,1)。

Autocorrelation	Partial Correlation		AC	PAC	Q-Stat	Prob
		1	0.521	0.521	14.377	0.000
		2	0.111	-0.219	15.048	0.001
		3	0.065	0.156	15.279	0.002
		4	-0.027	-0.172	15.322	0.004
		5	-0.207	-0.158	17.789	0.003
		6	-0.038	0.261	17.872	0.007
		7	0.223	0.150	20.888	0.004
		8	0.076	-0.221	21.242	0.007
		9	-0.030	0.073	21.299	0.011
		10	0.010	-0.081	21.306	0.019
		11	-0.020	0.026	21.333	0.030
		12	-0.088	0.078	21.868	0.039
		13	0.045	0.054	22.010	0.055
		14	0.219	0.107	25.486	0.030

图 5.5 残差 ACF 和 PACF 分析

用该模型对残差序列进行预测，得到预测值 $\hat{L}_t$，将此预测值与 SVR 预测值按照 $\hat{y}_t = N_t + \hat{L}_t$ 混合，得到最后混合方法预测的结果。为了验证混合模型的可行性，将 CPSO-SVR-ARIMA 混合方法和 CPSO-SVR、PSO-SVR 方法进行比较，其中 PSO 种群、迭代次数及交叉验证折数设置同 CPSO，即为 50-200-10，$c_1 = c_2 = 2$，w 的设置采用线性变化惯性权重方法，从开始搜索的 1.2 变化到最后的 0.2。各种方法最终预测结果如图 5.6、图 5.7 和表 5.2 所示。

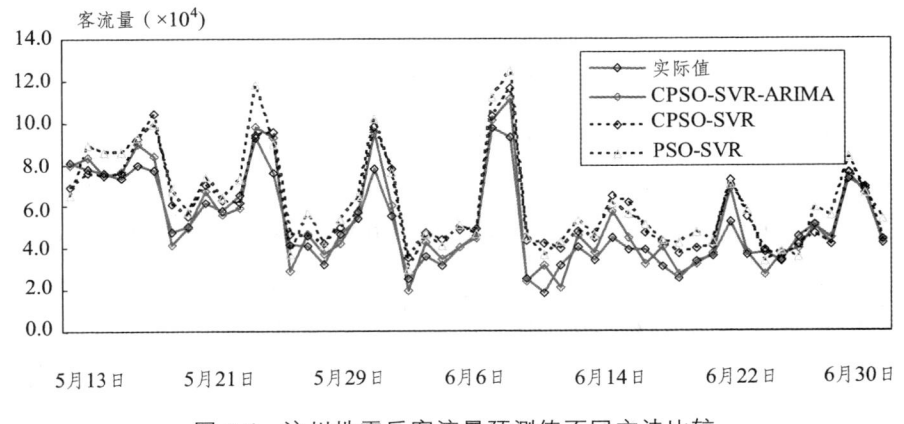

图 5.6 汶川地震后客流量预测值不同方法比较

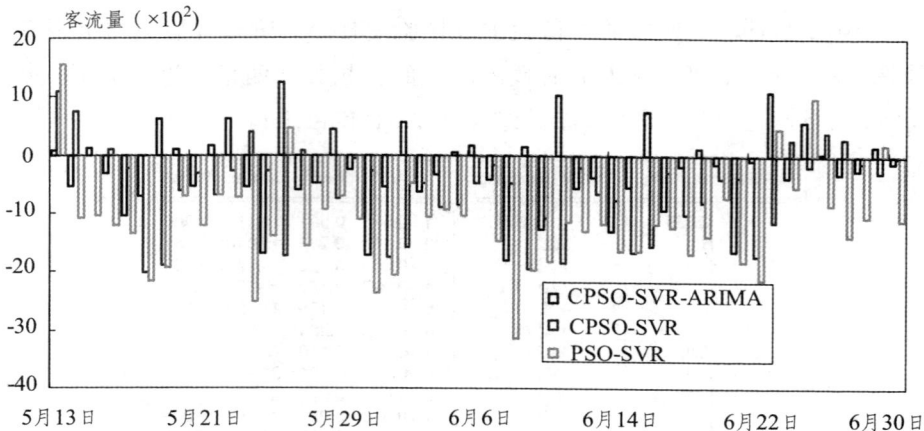

图 5.7 不同预测方法误差比较

表 5.2 不同方法量预测值比较（归一化）

日期	实际值	混合方法	CPSO-SVR	PSO-SVR	日期	实际值	混合方法	CPSO-SVR	PSO-SVR
5.13	0.5876	**0.5809***	0.4771	0.4421	5.27	0.2117	0.2668	**0.2592***	0.3593
5.14	0.5632	0.6119	**0.5410***	0.6665	5.28	0.1284	**0.1742***	0.2202	0.2169
5.15	0.5411	0.5302	**0.5309***	0.6401	5.29	0.2645	0.2222	**0.2931***	0.3311
5.16	0.5214	0.5511	**0.5415***	0.6354	5.30	0.3336	**0.3570***	0.3622	0.4373
5.17	0.5768	**0.6744***	0.6958	0.7043	5.31	0.5612	**0.7232***	0.7480	0.7831
5.18	0.5540	**0.6193***	0.8095	0.7590	6.1	0.3458	**0.3973***	0.5620	0.5399
5.19	0.2776	**0.2199***	0.3987	0.4601	6.2	0.0625	0.0106	0.1607	**0.1074***
5.20	0.3000	**0.2912***	0.3494	0.3651	6.3	0.1654	**0.2260***	0.2717	0.2653
5.21	0.4089	**0.4592***	0.4874	0.5239	6.4	0.1243	**0.1548***	0.2392	0.2119
5.22	0.3682	**0.3527***	0.4166	0.4319	6.5	0.2078	**0.2027***	0.2834	0.3067
5.23	0.4423	0.3838	**0.4093***	0.5106	6.6	0.2602	0.2454	0.2910	**0.2629***
5.24	0.7000	0.7520	**0.7140***	0.9366	6.7	0.7423	**0.7820***	0.7968	0.8810
5.25	0.5427	0.7030	0.7271	**0.6738***	6.8	0.7037	**0.8732***	0.9191	1.0000
5.26	0.2184	0.1001	**0.2628***	0.1734	6.9	0.0648	**0.0511***	0.2359	0.2500

续表

日期	实际值	混合模型	CPSO-SVR	PSO-SVR	日期	实际值	混合模型	CPSO-SVR	PSO-SVR
6.10	0.0000	**0.1201***	0.2227	0.1724	6.21	0.3198	**0.4742***	0.5090	0.4919
6.11	0.1200	**0.0224***	0.1970	0.2280	6.22	0.1711	**0.1785***	0.3426	0.3733
6.12	0.2038	**0.2581***	0.2769	0.3260	6.23	0.1843	0.0815	**0.1906***	0.1408
6.13	0.1479	**0.1831***	0.2449	0.2587	6.24	0.1375	0.1734	**0.1466***	0.1899
6.14	0.2443	**0.3673***	0.4382	0.3995	6.25	0.2535	0.2001	**0.2165***	0.1596
6.15	0.1947	**0.2471***	0.4046	0.3505	6.26	0.3047	**0.3018***	0.2628	0.3845
6.16	0.1960	**0.1258***	0.2722	0.3057	6.27	0.2178	0.2467	**0.2198***	0.3488
6.17	0.1155	**0.2028***	0.2293	0.2322	6.28	0.5115	**0.5351***	0.5450	0.6127
6.18	0.0620	**0.0788***	0.1758	0.2222	6.29	0.4663	0.4505	**0.4784***	0.4479
6.19	0.1373	**0.1255***	0.2015	0.2679	6.30	0.2248	**0.2349***	0.2378	0.3295
6.20	0.1610	**0.1739***	0.2105	0.2278					

（注：*号表明该预测值最接近实际值）

5.5.4 评价指标分析

本章的评价指标选用 *MAPE*、*RMSE*、*MAE* 及相关系数 *R*。

5.5.5 实验结果分析

通过图 5.6、图 5.7 和表 5.2 可以看出，在三种预测方法中，共计 49 天的预测值里，用 CPSO-SVR-ARIMA 方法混合预测的结果与实际值最接近的有 33 天，而 CPSO-SVR 预测较准确的有 13 天，PSO-SVR 预测较准确的仅有 3 天；误差情况是 CPSO-SVR-ARIMA 方法最小，其次为 CPSO-SVR 方法，最后为 PSO-SVR 方法。结果说明，混合预测方法的预测准确性远远高于单个预测方法。为了进一步比较各预测值和实际值的偏离程度，将各指标进行比较，结果如表 5.3 所示。

表 5.3　不同预测方法评价指标值

	MAE	MAPE	RMSE	R
CPSO-SVR-SVR	**576**	**0.1280**	**747**	**0.9932**
CPSO-SVR	948	0.2292	1201	0.9887
PSO-SVR	1273	0.2826	1412	0.9801

从表 5.3 可以看出，CPSO-SVR-ARIMA 混合方法预测的误差率为 12.80%，远远低于 CPSO-SVR 预测的误差率 22.92%和 PSO-SVR 预测的误差率 28.26%，*MAE* 和 *RSME* 分别为 576 和 747，均分别低于后两者的 *MAE* 和 *RSME*；相反的相关系数稍高于 CPSO-SVR 和 PSO-SVR，这充分说明，混合方法预测效果优于 CPSO-SVR 方法和 PSO-SVR 方法。可能的原因在于：

（1）汶川地震发生后客流量偏离以往的模式，非线性和线性相结合的随机性特点占主导地位，在以 SVR 和 ARIMA 为主的混合方法中，SVR 具有处理非线性的能力，ARIMA 对线性趋势的客流量有很好的预测能力，两者结合很好地抓住了突发事件发生时客流量的特点。因此，混合模型的预测能力较单个的 SVR 预测方法得到进一步提高。

（2）CPSO 能够实现对 SVR 自由参数良好的快速寻优，加入 CPSO 的混合预测方法，预测准确性更好。

（3）在预测的过程中，同时也发现，在 CPSO-SVR 方法和 PSO-SVR 方法预测能力的比较中，前者的预测能力高于后者，这充分说明加入混沌局部搜索 CLS 和自适应惯性权重因子 AIWF 的 PSO 算法的寻优能力高于单纯的 PSO 算法。

（4）几种方法在预测过程中，预测值普遍高于实际值（见图 5.7 误差表），原因在于 SVR 此时的预测值为没有发生地震时的正常状态下的预测值，按照以往惯例，黄山此时是旅游旺季，但突然发生的地震破坏了客流量以往的模式，因此造成预测值普遍高于实际值的现象。这说明 SVR 在面临一些转折点、突发事件时，不能很快适应客流量突然的变化，因此预测能力受到一定的挑战，但是可以通过和其他合适方法的混合来弥补 SVR 在预测方面存在的局限性，本节的混合方法也说明了这个道理。

5.5.6 预测方法的局限性

由于国内景区实行信息化的时间较短，突发事件发生后短期客流量数据获取有限，本章仅用汶川地震发生前后不到 5 个月的客流量数据对混合方法进行训练、验证，给出的数据个数较少，规律表现的不是很明显，如有大量历史同等数据如 2008 年及以前该期间的数据输入时，方法的有效性将会得到更好的体现；另外其他的一些较大的对旅游景区产生直接影响的突发事件如 SRAS 由于无记录的客流量数据，因此无法用该方法进行验证。从某种意义上说该混合方法存在一定的局限性。

5.6 小 结

突发事件经常会给旅游景区造成巨大的影响，其中最直接的就是客流量的剧烈波动。这种剧烈波动，偏离了原有客流量的运行模式，呈现出复杂的非线性和线性相结合的随机性特点。突发事件时期客流量的准确预测能够使景区管理者合理配置资源，及时快速地进行相应的应急管理，但是传统的预测模型无法解决这种客流量的预测。本章提出了一种 CPSO-SVR-ARIMA 的混合预测方法，首先用基于 CLS 和 AIWF 的 PSO 算法找出 SVR 最优自由参数，将其嵌入 SVR 方法对突发事件期间客流量的非线性时间序列进行预测；再利用 ARIMA 对 SVR 预测值误差即线性部分进行二次预测；最终将 SVR 预测值和 ARIMA 预测值相加，得到最后的突发事件时期的客流量预测值。研究结果表明：本章提出的混合预测方法很好地把握住了突发事件时期客流量的特点，在与其他方法的对比过程中，混合预测模型的预测效果显著优于其他方法。该混合方法中涉及的 SVR 和 ARIMA 预测方法，均在各自的应用领域得到了广泛应用，因此混合使用时，操作方法简单，可行性较高。该方法不仅在旅游突发事件时期对客流量具有良好的预测效果，在类似的行业领域内面临同样状况时也能进行预测，具有一定的推广性和应用价值。

第 6 章 总结和展望

6.1 总结

　　旅游短期客流量的准确预测对旅游景区乃至整个旅游行业有着举足轻重的意义。以往的旅游客流量预测主要关注于旅游目的地—客源地的中长期预测，如年、季、月等客流量的趋势预测，研究所用的影响因素多以宏观经济变量为主，它们为旅游景区提供了长远规划建设支持。短期的以日为主的客流量预测国内外鲜有研究。本研究系统地研究了以日为主的短期客流量预测，针对日客流量在不同时期的主要表现特点，将日客流量预测分为：平常日客流量预测、节假日客流量预测和突发事件时期客流量的预测，以 SVR 为主要工具，通过它与不同方法、技术的结合，分别有效地实现了三种不同时期的客流量预测。本研究的研究工作如下：

　　（1）对国内外旅游预测方法中的经典时间序列方法、计量经济学方法及人工智能方法等研究分别进行了综述，指出各种预测方法的适用范围及预测的局限性，以及在预测内容方面存在的局限性，提出本研究研究的问题。

　　（2）对短期客流量的特点进行了系统分析，指出在平常日，客流量呈现出的主要特点为非线性性；在节假日，客流量表现出明显的季节性特征；在突发事件发生时期，客流量主要表现为非线性和线性相结合的随机性复杂性特点。同时指出短期客流量的主要影响因素，其中历史客流量、人体舒适度指数、节假日和突发事件等因素会对客流量造成极大的影响，这些影响使得不同阶段的客流量呈现不同的特点。

　　（3）针对平常日客流量主要呈现非线性性的特点，本研究提出了一种基于 GA 的 SVR 回归预测方法。首先，对 SVM 和 SVR 的基本原理进行了详细阐述，然后针对 SVR 自由参数优化问题，提出了基于 GA 的参数选优方法。本研究选取了黄山风景区有代表性的平常日数据历史客流量、人体舒适度指数等作为 SVR 方法输入变量，对 GA-SVR 方法进行验证，并用 BPNN 作为对比方法。研究结果表明，GA-SVR 方法能够有效地实现平常日客流量的预测。

（4）针对节假日客流量季节性突出的特点，本研究提出了基于季节的 AGA-SVR 预测方法，即将季节处理、AGA 的自适应调节能力及 SVR 预测能力相结合。该方法包括两种：一种是事前季节处理方法：对原始数据进行季节处理，即季节指数调整的 SEA-AGA-SVR 方法，通过对原始数据的季节指数调整，数据的季节性趋势得到消除，然后再利用 AGA-SVR 方法对处理后的数据进行预测；另一种是事后季节处理方法：对客流量预测值进行季节因子调整，即 AGA-SSVR 方法，通过预测值计算季节因子，然后对客流量预测值进行调整。通过黄山风景区节假日数据的验证表明，相对于 AGA-SSVR，SEA-AGA-SVR 预测的准确性更高，误差更小。

（5）针对突发事件发生后客流量非线性和线性相结合的复杂的随机性特点，本研究提出了基于 CPSO 的 SVR-ARIMA 方法。首先，用基于 CLS 和 AIWF 的 PSO 算法对 SVR 自由参数寻优，然后用 SVR 方法对突发事件期间客流量的非线性时间序列进行预测；再利用 ARIMA 对 SVR 预测值误差即线性部分进行二次预测；最终将 SVR 预测值和 ARIMA 预测值相加，得到最后的突发事件时期的客流量预测值。来自黄山景区汶川地震时期的数据对模型进行了验证，在与 CPSO-SVR 和 PSO-SVR 的对比中发现，混合预测方法有效地实现了突发事件时期客流量的预测。

本研究表明，基于平常日、节假日、突发事件时期的短期客流量预测，尤其是基于节假日的客流量预测对旅游景区具有重要的意义。该类模型真实地反映出每日客流量预测值与历史客流量、人体舒适度等要素之间的定量关系，易于执行，其预测结果简单可视，具有极大的时效性和应用推广性，对旅游景区具有重要的意义。该类方法除了应用于景区客流预测外，还可以推广到交通、酒店等类似领域的客流量预测。

6.2 展望

本研究对平常日客流量预测、节假日客流量预测、突发事件时期客流量预测等问题进行了研究，并获得一些研究成果，但是由于客观条件的限制，对短期客流量的预测问题有待于进一步完善，未来可能的研究方向包括以下几个方面：

（1）短期客流量高峰点的时时预测问题。

在本研究的短期客流量预测中，我们关注的是每日客流量预测，实际上，客流量在每日各时点的分布极不均匀，即在旅游高峰点，经常会出现很多人拥堵在一个景点、既上不去也下不来的现象，造成景点的超负荷运转，而景区其他景点人员相对稀少。如果能够实现每日高峰点的时时客流量预测问题，景区管理者则可以对游客旅游线路进行有效设计，实现游客的分流，最大限度地避免同一景点的拥堵现象，使旅游资源能够得到最大限度的合理配置。但是时时预测是一个动态系统，受到时空等多种因素影响，如上下游景点的客流量、景点知名度、地理位置等。以黄山为例，不同的景点均有客流量大规模聚集的时段，该时段和景点的特点以及景点处在游览路线中的地理位置相关。因此，识别影响因素，用合适的预测方法实现高峰点的时时预测问题将是进一步研究的方向。

（2）大数据环境下的旅游客流量预测问题。

随着信息技术在经济、社会、生活的各个领域的不断渗透，移动计算、物联网、云计算等新兴技术的高速发展，全球数据量正呈现出前所未有的爆发式增长态势，数据的多样性、低价值密度、实时性等复杂特征也日益显著。大数据已经在制造业、零售业、电子商务、金融服务、信息消费以及移动位置服务等行业和领域得到了广泛应用。目前，对旅游数据的采集都侧重于纯统计数据，然而在大数据环境下，纯统计数据已满足不了旅游景区的要求，为了满足游客的需求，图片、视频和音频等结构化数据将会被收集。因此，如何在这些海量数据中分析和挖掘出有利于客流量预测的信息将显得尤为重要，需要探索出不同的方法并与现有的预测方法相结合，以实现大数据环境下的客流量预测，这将是一个具有挑战性但具有潜力的研究方向。

参考文献

[1] 党安荣，张丹明，陈杨. 智慧景区的内涵与总体框架研究[J]. 中国园林，2011，（9）：15-21.

[2] 张广瑞，刘德谦，宋瑞. 2012年中国旅游发展分析与预测. 北京：社会科学文献出版社，2012：123.

[3] 朱力. 突发事件的概念、要素与类型[J]. 南京社会科学，2007，11：81-88.

[4] 易丹辉. 时间序列分析方法与应用[M]. 北京：中国人民大学出版社，2011.

[5] Box G. E. P., Jenkins G M, Reinsel G C. Time series analysis: forecasting and control(4th edition)[M]. A John Wile & Sons, Inc. 1976.

[6] Box G. E. P, Piercd D. A. Distribution of residual autocorrelations in autoregressive integrated moving average time series models [J]. Journal of the American Statistical Association, 1970, 65(332): 1509-1526.

[7] Geurts M. Forecasting the Hawaiian tourist market [J]. Journal of Travel Research, 1982, 21(1): 18-21.

[8] Song H., Li G. Tourism demand modelling and forecasting—A review of recent research [J]. Tourism Management, 2008, 29(2): 203-220.

[9] Gustavsson P., Nordstrom J. The impact of seasonal unit roots and vector ARMA modelling on forecasting monthly tourism flows[J]. Tourism Economics, 2001, 7(2): 117-133.

[10] Lim C., McAleer M. Monthly seasonal variations: Asian tourism to

Australia [J]. Annals of Tourism Research, 2001, 28(1): 68-82.

[11] Cho V. A comparison of three different approaches to tourist arrival forecasting [J]. Tourism Management, 2003, 24(3): 323-330.

[12] Pai, P. F., Hong, W. C. An improved neural network model in forecasting arrivals [J]. Annals of Tourism Research, 2005, 32(4): 1138-1141.

[13] Papatheodorou A., Song H. International tourism forecasts: Time-series analysis of world regional data [J]. Tourism Economics, 2005, 11(1): 11-23.

[14] 雷可为，陈瑛. 基于 BP 神经网络和 ARIMA 组合模型的中国入境游客量预测[J]. 旅游学刊，2007，22（4）：20-25.

[15] Akal M. Forecasting Turkey's tourism revenues by ARMAX model[J]. Tourism Management, 2004, 25(5): 565-580.

[16] Chan F., Lim C., McAleer M. Modelling multivariate international tourism demand and volatility[J]. Tourism Management, 2005, 26(3): 459-471.

[17] Pindyck R. S., Rubinfeld D. L. 计量经济模型与经济预测[M]. 机械工业出版社，1999.

[18] Kulendran N., Wilson K. Modelling business travel [J]. Tourism Economics, 2000, 6(1): 47-59.

[19] Kulendran N., Witt S. F. Leading indicator tourism forecasts[J]. Tourism Management, 2003, 24(5): 503-510.

[20] Dritsakis N., Athanasiadis S. An econometric model of tourist demand: The case of Greece[J]. Journal of Hospitality & Leisure Marketing, 2000, 7(2): 39-49.

[21] Song H., Witt S. F. Forecasting international tourist flows to Macao [J]. Tourism Management, 2006, 27(2): 214-224.

[22] Durbarry R., Sinclair M. T. Market shares analysis: The case of French tourism demand [J]. Annals of Tourism Research, 2003, 30(4): 927-941.

[23] De Mello M. M., Nell K. S. The forecasting ability of a cointegrated VAR system of the UK tourism demand for France, Spain and Portugal [J]. Empirical Economics, 2005, 30(2): 277-308.

[24] De Mello M. M., Fortuna N. Testing alternative dynamic systems for modelling tourism demand[J]. Tourism Economics, 2005, 11(4): 517-537.

[25] Mangion M. L., Durbarry R., Sinclair M. T. Tourism competitiveness: Price and quality tourism competitiveness: price and quality [J]. Tourism economics, 2005, 11(1): 45-68.

[26] 陶伟, 倪明. 中西方旅游需求预测对比研究: 理论基础与模型[J]. 旅游学刊, 2010（8）: 12-17.

[27] Law R. Back-propagation learning in improving the accuracy of neural network-based tourism demand forecasting [J]. Tourism Management, 2000, 21(4): 331-340.

[28] Kon, S. C., Turner, W. L. Neural network forecasting of tourism demand [J]. Tourism Economics, 2005, 11(3): 301-328.

[29] Palmer A., José Montaño. J., Sesé A. Designing an artificial neural network for forecasting tourism time series[J]. Tourism Management, 2006, 27(5): 781-790.

[30] 张郴, 张捷. 中国入境旅游需求预测的神经网络集成模型研究[J]. 地理科学, 2011, 31（10）: 1208-1212.

[31] Chen K. Y., Wang C. H. Support vector regression with genetic algorithms in forecasting tourism demand [J]. Tourism Management, 2007, 28(1): 215-226.

[32] Hong W. C., Dong Y, Chen L. Y., et al. SVR with hybrid chaotic genetic algorithms for tourism demand forecasting [J]. Applied Soft Computing, 2011, 11(2): 1881-1890.

[33] 雷平, 施祖麟. 我国入境旅游人次月度指数预测模型比较研究[J]. 旅游学刊, 2008, 23（3）: 24-28.

[34] Coshall J. T. A selection strategy for modelling UK tourism flows by

air to European destinations [J]. Tourism Economics, 2005, 11(2): 141-158.

[35] Hu C., Chen M., McCain S. L. C. Forecasting in short-term planning and management for a casino buffet restaurant [J]. Journal of Travel & Tourism Marketing, 2004, 16(2-3): 79-98.

[36] Kim K. J. Financial time series forecasting using support vector machines [J]. Neurocomputing, 2003, (55): 307-319.

[37] Wu C. H., Ho J. M., Lee D. T. Travel-time prediction with support vector regression[J]. IEEE Transaction on Intelligent Transportation Systems, 2004, 5(4): 276-281.

[38] 张捷，都金康，周寅康. 观光旅游地客流时间分布特性的比较研究——以九寨沟、黄山及福建永安桃源洞鳞隐石林国家风景名胜区为例[J]. 地理科学，1999, 19（1）: 49-54.

[39] Daniel A. C. M., Ramos F. F. R. Modelling inbound international tourism demand to Portugal[J]. International Journal of Tourism Research, 2002, 4(3): 193-209.

[40] Krugman P. R. International economics: Theory and policy [M]. Pearson Education India, 2009.

[41] 谢彦君. 基础旅游学[M]. 北京：中国旅游出版社，2004.

[42] 保继刚，楚义芳. 旅游地理学[M]. 2版. 北京：高等教育出版社，1999.

[43] 林辉，刘晶，郝志峰，等. 基于相似日负荷修正的节假日短期负荷预测[J]. 电力系统保护与控制，2010（7）: 47-51.

[44] 孙根年，王洁洁. 1987年来台海关系变化对台湾入境大陆客流量的影响[J]. 地理学报，2009, 64（12）: 1513-1522.

[45] 刘柱胜，卿芳雅，戈鹏，等. 九寨沟风景区日游客量预测研究[J]. 旅游科学，2012, 26（2）: 59-66.

[46] 孙根年，马丽君. 西安旅游气候舒适度与客流量年内变化相关性分析[J]. 旅游学刊，2007, 22（7）: 34-39.

[47] 陈冬冬，章锦河，刘法建. 黄山旅游气候舒适度与客流量变化相关

性分析[J]. 资源开发与市场, 2008, 24 (7): 607-609.

[48] 孙满英, 周秉根, 程晓丽. 九华山旅游气候适宜性及其对客流量影响[J]. 池州学院学报, 2008, 22 (5): 104-107.

[49] 张朝枝, 保继刚. 休假制度对遗产旅游地客流的影响——以武陵源为例[J]. 2007, 26 (6): 1295-1303.

[50] 李飞. 新休假制度对"黄金周"旅游客流的影响及其政策意义——来自国家假日办重点监测景区的证据[J]. 旅游学刊, 2009, 24 (6): 12-18.

[51] 李锋. 三次突发事件对中国旅游影响的对比分析研究[J]. 灾害学, 2009, 24 (2): 95-100.

[52] Mazzocchi M., Montini A. Earthquake effects on tourism in central Italy[J]. Annals of Tourism Research, 2001, 28 (4): 1031-1046.

[53] 马丽君, 孙根年. 30 年来危机事件对中国旅游业发展的影响及比较[J]. 经济地理, 2009, 29 (6): 1005-1010.

[54] Bonn M. A., Furr H. L., Uysal M. Seasonal variation of coastal resort visitors: Hilton Head Island [J]. Journal of Travel Research, 1992, 31 (1): 50-56.

[55] 吴必虎, 宋子千. 旅游学概论. 北京: 中国人民大学出版社, 2009, 10.

[56] Hartmann L .Tourism, seasonality and social change [J]. Leisure Studies, 1986.5 (1): 25-33.

[57] 陆林, 宣国富, 章锦河, 等. 海滨型与山岳型旅游地客流季节性比较——以三亚、北海、普陀山、黄山、九华山为例[J]. 地理学报, 2002, 57 (6): 104-113.

[58] 黄成林, 周能敏. 黄山风景区旅游旺季旅客日分布特征的研究[J]. 安徽师大学报, 1997, 20 (1): 72-77.

[59] 刘泽华, 张捷, 吴小根, 等. 特殊时段旅游客流时间分布对旅游地理结构响应研究——以北京、黄山、西安 TDD 黄金周旅游客流为例[J]. 人文地理, 2010 (1): 129-133.

[60] 朱迎波, 葛全胜, 魏小安, 等. SARS 对中国入境旅游人数影响的

研究[J]. 地理研究, 2003, 22 (5): 551-559.

[61] 张捷, 都金康, 周寅康. 观光旅游地客流时间分布特性的比较研究[J]. 地理科学, 1999, 19 (1): 49-54.

[62] Vapnik V N. The nature of statistical learning theory [M]. 许建华, 张学工译. 北京: 电子工业出版社, 2009, 3.

[63] 张学工. 关于统计学习理论与支持向量机[J]. 自动化学报, 2000, 26 (11): 32-42.

[64] Vapnik V. N., Kotz S. Estimation of dependences based on empirical data [M]. Springer, 2006.

[65] Hong W. C. Chaotic particle swarm optimization algorithm in a support vector regression electric load forecasting model [J]. Energy Conversion and Management, 2009, 50(1): 105-117.

[66] 邓乃扬, 田英杰. 支持向量机——理论、算法与拓展[M]. 北京: 科学出版社, 2009.

[67] Vapnik V. N. An overview of statistical learning theory [J]. Neural Networks, IEEE Transactions on. 1999, 10(5): 988-999)

[68] Chen L. Y. Application of SVR with chaotic GASA algorithm to forecast Taiwanese 3G mobile phone demand [J]. Neurocomputing, 2014, 127: 206-213.

[69] 杜京义, 侯媛彬. 基于遗传算法的支持向量回归机参数选取[J], 系统工程与电子技术, 2006, 28 (9): 1430-1433.

[70] Luntz A., Brailovsky V. On estimation of characters obtained in statistical procedure of recognition[J]. Technicheskaya Kibernetica, 1969, 3(6): 6-12.

[71] Duan K., Keerthi S., Poo A. Evaluation of simple performance measures for tuning SVM hyperparameters(technical report)[C]. Singapore: National University of Singapore, Department of Mechanical Engineering (2001).

[72] Chen K. Y. Forecasting systems reliability based on support vector regression with genetic algorithms [J]. Reliability Engineering & System Safety, 2007, 92(4): 423-432.

[73] 韩瑞锋. 遗传算法原理与应用实例[M]. 兵器工业出版社，2010.

[74] 曹伟宏，何元，李宗省，等. 丽江旅游气候舒适度与年内客流量变化相关性分析[J]. 地理科学，2012，32（12）：1459-1564.

[75] 沈花玉，王兆霞，高成耀，等. BP 神经网络隐含层单元数的确定[J]. 天津理工大学学报，2008，24（5）：14-16.

[76] 葛哲学，孙志强. 神经网络理论与 MATLABR2007 实现[M]. 北京：电子工业出版社，2007.

[77] Baron R. R. V. Seasonality in tourism: A guide to the analysis of seasonality and trends for policy making [M]. London: Economist Intelligence Unit, 1975.

[78] Hylleberg S. Modelling seasonality [M]. Oxford: Oxford University Press, 1992: 3-14.

[79] Jang S. C. S. Mitigating tourism seasonality: A quantitative approach [J]. Annals of Tourism Research, 2004, 31(4): 819-836.

[80] 马勇，周霄. 旅游学概论[M]. 高等教育出版社，1998.

[81] 陆林. 山岳风景区旅游季节性研究——以安徽黄山为例[J]. 地理研究，1994，13（4）：50-58.

[82] Higham J, Hinch T. Tourism, sport and seasons: The challenges and potential of overcoming seasonality in the sport and tourism sectors [J]. Tourism Management, 2002, 23(2): 175-185.

[83] 钟静，张捷，李东和，等. 历史文化村镇旅游流季节性特征比较研究——以西递，周庄为例[J]. 人文地理，2007，22（4）：68-71.

[84] Karamustafa K, Ulama S. Measuring the seasonality in tourism with the comparison of different methods [J]. EuroMed Journal of Business, 2010, 5(2): 191-214.

[85] Chen K. Y., Wang C. H. A hybrid SARIMA and support vector machines in forecasting the production values of the machinery industry in Taiwan [J]. Expert Systems with Applications, 2007, 32(): 254-264.

[86] Pai P. F., Lin K. P., Lin C. S., et al. Time series forecasting by a

seasonal support vector regression model [J]. Expert Systems with Applications, 2010, 37(6): 4261-4265.

[87] Zhang G. P., Qi M. Neural network forecasting for seasonal and trend time series[J]. European Journal of Operational Research, 2005, 160(2): 501-514.

[88] Hiemstra S., Wong K. K. F. Factors affecting demand for tourism in Hong Kong [J]. Journal of Travel & Tourism Marketing, 2002, 13(1-2): 41-60.

[89] Gardner J. E. S., McKenzie E. Note-seasonal exponential smoothing with damped trends [J]. Management Science, 1989, 35(3): 372-376.

[90] Zhang W., Wu J., Wang J., et al. Performance analysis of four modified approaches for wind speed forecasting[J]. Applied Energy, 2012, 99: 324-333.

[91] Guo Z., Wu J., Lu H., et al. A case study on a hybrid wind speed forecasting method using BP neural network [J]. Knowledge-based Systems, 2011, 24(7): 1048-1056.

[92] Nelson M., Hill T., Remus T. O., Connor M. Time series forecasting using NNs: Should the data be deseasonalized first? [J]. Journal of Forecasting, 1999, 18: 359-367.

[93] 张亚乐，徐博文. 一种改进的遗传算法在原油蒸馏过程优化中的应用[J]. 化工自动化及仪表，1997. 24（3）：12-17.

[94] Srinivas M., Patnaik L. M. Adaptive probabilities of crossover and mutation in genetic algorithms[J]. Systems, Man and Cybernetics, IEEE Transactions on, 1994, 24(4): 656-667.

[95] Wang Y. S. The impact of crisis events and macroeconomic activity on Taiwan's international inbound tourism demand [J]. Tourism Management, 2009, 30(1): 75-82.

[96] Faulkner B., Russell R. Chaos and complexity in tourism: In search of a new perspective[J]. Pacific Tourism Review, 1997, 1(2): 93-102.

[97] Prideaux B., Laws E., Faulkner B. Events in Indonesia: Exploring the

limits to formal tourism trends forecasting methods in complex crisis situations [J]. Tourism management, 2003, 24(4): 475-487.

[98] 魏一鸣. 自然灾害复杂性研究[J]. 地理科学. 1998. 18（1）: 25-31.

[99] Dobson J. Tourism crises: Management responses and theoretical insight. Tourism Management, 2008, 29(3): 597-598.

[100] 郑向敏, 邹永广. 我国旅游突发事件应急机制研究[J]. 西南民族大学学报（人文社会科学版）, 2012（1）: 125-129.

[101] 唐弘久, 张捷. 突发危机事件对游客感知可进入性的影响特征——以汶川"5·12"大地震前后九寨沟景区游客为例[J]. 地理科学进展, 2013, 32（2）: 251-261.

[102] 谢朝武. 业外突发事件与旅游业的应急管理研究[J]. 华侨大学学报（哲学社会科学版）, 2009（4）: 28-36.

[103] Min J. C. H. The effect of the SARS illness on tourism in Taiwan: An empirical study [J]. International Journal of Management, 2005, 22 (3).

[104] Kuo H. I., Chen C. C., Tseng W. C., et al. Assessing impacts of SARS and Avian Flu on international tourism demand to Asia [J]. Tourism Management, 2008, 29(5): 917-928.

[105] Fang Y. Forecasting combination and encompassing tests [J]. International Journal of Forecasting, 2003, 19(1): 87-94.

[106] Wong K. K. F., Song H. Y., Witt S. F., Wu D. C. Tourism forecasting: To combine or not to combine? [J]. Tourism Management, 2007, 28(4): 1068-1078

[107] 陈华友. 组合预测方法有效性理论及其应用[M]. 北京: 科学出版社, 2008.

[108] 张金良. 电力市场环境下的短期电价混合预测模型研究[D]. 华北电力大学, 2011.

[109] Zhang G. P. Time series forecasting using a hybrid ARIMA and neural network model[J]. Neurocomputing, 2003, 50: 159-175;)

[110] Aladag C. H., Egrioglu E., Kadilar C. Forecasting nonlinear time

[110] series with a hybrid methodology[J]. Applied Mathematics Letters, 2009, 22(9): 1467-1470

[111] Khashei M., Bijari M. A novel hybridization of artificial neural networks and ARIMA models for time series forecasting[J]. Applied Soft Computing, 2011, 11(2): 2664-2675

[112] Li X. M., Ding L. X., Shao M., et al. A novel air-conditioning load prediction based on ARIMA and BPNN model[C]. Information Processing, 2009. APCIP 2009. Asia-Pacific Conference on. IEEE, 2009, 1: 51-54.

[113] Fard A. K., Akbari-Zadeh M. R. A hybrid method based on wavelet, ANN and ARIMA model for short-term load forecasting [J]. Journal of Experimental & Theoretical Artificial Intelligence, 2014, 26(2): 167-182.

[114] Aslanargun A., Mammadov M., Yazici B., et al. Comparison of ARIMA, neural networks and hybrid models in time series: Tourist arrival forecasting [J]. Journal of Statistical Computation and Simulation, 2007, 77(1): 29-53.

[115] Kennedy J., Eberhart R. C. Particle swarm optimization[C]. Proceedings of IEEE international conference neural networks, 1995: 1942-1948.

[116] 李炳宇, 萧蕴诗, 汪镭. 一种求解高维复杂函数优化问题的混合粒子群优化算法[J]. 信息与控制, 2004, 33（1）: 27-30.

[117] Eberhart R. C., Shi Y. Particle swarm optimization: developments, applications and resources[C]. Evolutionary Computation, 2001. Proceedings of the 2001 Congress on. IEEE, 2001, 1: 81-86.

[118] Liu B., Wang L., Jin Y. H., et al. Improved particle swarm optimization combined with chaos [J]. Chaos, Solitons & Fractals, 2005, 25(5): 1261-1271.

[119] 孟红记, 郑鹏, 梅国晖, 等. 基于混沌序列的粒子群优化算法[J]. 控制与决策, 2006, 21（3）: 263-266.